RRE GUTTON

Docteur en Droit

AVOCAT A LA COUR

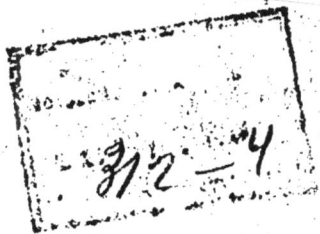

＊

DES

Monts-de-Piété

en général

ET DE CELUI DE NANCY

EN PARTICULIER

NANCY

IMPRIMERIE LOUIS KREIS

Rue Saint-Georges, 51

1904

PIERRE GUTTON

Docteur en Droit

AVOCAT A LA COUR

✳

DES
MONTS-DE-PIÉTÉ

en général

ET DE CELUI DE NANCY

EN PARTICULIER

NANCY

IMPRIMERIE LOUIS KREIS

Rue Saint-Georges, 51

—

1904

PREMIÈRE PARTIE

CHAPITRE PREMIER

Origines et Historique des Monts-de-Piété

Il est assez difficile d'assigner une date certaine à l'apparition du Mont-de-Piété, car le prêt sur gages dont il est la réglementation remonte aux époques les plus reculées de l'histoire. « Les pre- « miers prêteurs d'argent furent des prêteurs sur « gages. On retrouve des traces de prêt sur gages « dans les récits primitifs de l'histoire des Grecs, « des Juifs, des Chinois et d'autres peuples ; les « nombreux passages de la Bible relatifs à l'em- « prunt, prouvent que le prêt sur gages était une « institution reconnue chez les Juifs » (1).

Il est donc permis de supposer que, puisqu'à ces époques anciennes, le prêt sur gages existait, l'usure qui en est la conséquence inévitable et

(1) R. DONALD. *Revue Contemporaine*, Août 1894.

1

dangereuse était déjà pratiquée : il faudrait bien mal connaître l'esprit humain, pour penser que l'institution des usuriers, du commerce scandaleux qu'ils pratiquent est relativement récente, et que l'amour du gain sans travail est venu avec la civilisation.

En dehors des prohibitions de l'Eglise et des sanctions toutes morales qu'elle édictait, il n'y avait dans l'antiquité aucune réglementation du taux de l'intérêt perçu par le prêteur et qui, comme dit Montesquieu, « augmentait à proportion du péril de l'insolvabilité ».

Ce fut en 1198 qu'apparut le premier établissement, dont la forme s'approche de celle des Monts-de-Piété actuels. Sa création à Freisingen, en Bavière, fut inspirée de sentiments de charité et de protection des malheureux ; il n'eut pourtant qu'une très courte durée et disparut, on n'ignore pour quelle raison, sans avoir eu le temps de servir de modèle à des établissements similaires.

Pourtant, s'il n'existait pas encore au moyen-âge de Monts-de-Piété autonomes, les souverains d'Europe avaient donné à des banquiers juifs et lombards le privilège exclusif de prêter sur gages, et les opérations qu'ils firent, dans les débuts, eurent beaucoup d'analogie avec celles des Monts-de-Piété ; mais bientôt, cédant à l'entraînement et trouvant le métier insuffisamment lucratif, ces banquiers se transformèrent en usuriers et perdirent tout point de contact avec l'institution qui nous occupe. Le dernier privilège accordé en France émane de Louis XI et fut donné par lettres patentes du 14 décembre 1461 à plusieurs Lombards habitant à Laon.

Au quatorzième siècle pourtant une tentative très sérieuse de création d'un Mont-de-Piété, sur l'existence duquel on n'a malheureusement que très peu de renseignements, fut faite en 1350 par les bourgeois de la petite ville de Salins. Cette innovation était dépourvue de toute idée de lucre ; elle ne cherchait qu'à soustraire aux mains d'usuriers peu scrupuleux les gages sur lesquels les gens momentanément gênés désiraient emprunter. Pour réussir dans leur œuvre, les bourgeois de Salins formèrent entre eux une sorte de société et réunirent un capital de 20,600 florins, avec lequel ils fondèrent un Mont-de-Piété analogue à ceux actuels et où chacun pouvait venir emprunter à un taux peu élevé. Ce fut là, croyons-nous, le premier essai inspiré par un sentiment de charité et d'assistance (1).

Toutes ces tentatives isolées n'offrent, en définitive, dans l'histoire des Monts-de-Piété, qu'assez peu d'intérêt ; elles ne marquent pas encore le véritable point de départ de l'institution. Leurs auteurs semblent avoir agi plutôt en vue des bénéfices à retirer de semblables créations qu'en vue d'entraver le commerce dangereux des usuriers. Seule, l'initiative des bourgeois de Salins

---

(1) BLAIZE. *Des Monts-de-Piété*, page 81.

semble avoir été faite dans un but charitable,
mais le peu de détails que l'on possède sur son
fonctionnement n'autorise pas à affirmer que ce
fut un véritable Mont-de-Piété.

De l'avis de tous, l'Italie fut le berceau des
Monts-de-Piété. Au quinzième siècle, un moine
recollet de Terni, nommé Barnaba, fut frappé
des misères que créait l'usure et résolut d'ar-
racher, dans la mesure du possible, aux mains
des usuriers, ceux que la nécessité poussait à
emprunter sur gages. Il entreprit une croisade
dans toute l'Italie, et prêcha avec succès, à Pérouse,
en 1462; il indiqua les fortunes scandaleuses des
usuriers et des Juifs, créées de toutes pièces par
le maigre patrimoine des miséreux ; il montra à
tous le gouffre immense où venait se précipiter
leur avoir, sans espoir d'en jamais sortir. Ses
paroles furent écoutées. Avec l'aide de Fortunat
de Capolis, il centralisa les fonds provenant des
dons multiples que lui faisaient les riches de la
ville. Une fois ce capital amassé, il institua une
banque de prêts gratuits, en retenant seulement
une légère redevance pour couvrir les frais occa-
sionnés par le service et l'entretien de son établissement.

Il appela cette institution *Monti di Pieta*, c'est-
à-dire Banque de la Piété, pour indiquer quels
sentiments avaient agités ses fondateurs et le but
charitable de l'œuvre. Ce mot de *monti*, fort
ancien en Italie, indiquait les lieux publics dans
lesquels on plaçait les fonds à intérêt: sortes de

banques de prêts et de dépôts. D'après Dujat
Libersalle, l'expression de *monti* tirerait sa source
de ce fait que la première banque créée en Italie
vers 1170, était située sur le Monte-Vecchio. On
a donné d'autres explications de l'origine du mot
Mont-de-Piété, notamment celle tirée de Martin
Azpilcueta, dans son traité *de Usuris*, et qui consiste à prétendre que le mot *monti* est pris ici
dans le sens de masse, pour le motif que les fonds
du Mont-de-Piété ne consistaient pas seulement
en argent, mais encore en grains et en denrées
de toutes sortes. Cette interprétation très problé-
matique n'a trouvé aucun crédit auprès des auteurs, qui ont tous adopté la première.

L'entreprise de Pérouse et les résultats obtenus
par Barnaba eurent un tel retentissement, qu'on
vit se fonder en Italie, de 1464 à 1493, une grande
quantité de Monts-de-Piété : ce furent ceux d'Or-
vieto, Viterbe, Bologne, Mantoue, Parme, Padoue,
Florence et Pavie. Toutes ces créations furent
approuvées par des bulles apostoliques.

Pourtant, les Juifs et les Lombards, dépossédés
de ce qu'ils considéraient comme leur privilège,
et se trouvant dans l'impossibilité de lutter avec
profit contre les Monts-de-Piété, agitèrent la question de savoir si le prêt à intérêt était licite dans
l'ordre naturel et religieux ; ils blâmèrent l'Eglise
d'avoir autorisé ses adeptes à créer des établissements où se pratiquait le prêt à intérêt qu'elle
avait condamné, et prétendirent que la redevance
payée par l'emprunteur au Mont-de-Piété, cons-

tituait la capitalisation des intérêts ou anatocisme formellement interdite ; ils alléguaient, en outre, que des établissements de ce genre pratiquaient l'usure sous le manteau de la charité. On leur répondit que le taux de 8 pour cent, prélevé sur les prêts, n'était autre chose que la quote-part que les emprunteurs versaient pour l'administration du Mont-de-Piété.

Devant un tel conflit, le pape Léon X résolut de soumettre la question au cinquième Concile de Latran, qui siégeait de 1512 à 1517.

La controverse avait fait tant de bruit que le Concile étudia la question avec beaucoup de soin et déclara, par décret du 4 mai 1515, que les prêts consentis par les Monts-de-Piété et prêteurs sur gages n'étaient point usuraires si le taux de l'intérêt prélevé était très modéré, quoique, ajoutait le décret, il eut été bien préférable de n'en point prélever du tout.

A la suite de ce décret, et sa responsabilité étant à couvert, Léon X empêcha, sous peine d'excommunication, de prêcher contre les Monts-de-Piété ; il encouragea, en outre, les fidèles à participer, dans la mesure de leurs moyens, à l'entretien ou à la création d'autres établissements.

Paul III créa lui-même à Rome un Mont-de-Piété, qui prit une importance énorme et fit l'office de banque de prêt, même pour des sommes considérables.

D'autres pays suivirent l'exemple de l'Italie.

Ce fut en Allemagne où le Mont-de-Piété de Nuremberg, créé en 1498, prit le nom de *Leyh Haus*, celui de Ulm, qui fut dénommé *Anlehn Haus*, celui d'Augsbourg, qui se nommait *Wechselbank*. Puis, en Hollande, où les Monts prenaient le nom de *Tafel von Leenige*, ou tables de prêt.

Dans les villes du comtat Venaissin, alors sous la domination des papes, le Mont-de-Piété d'Avignon fut érigé en 1577.

En Belgique, la création des Monts-de-Piété fut ordonnée par l'archiduc Albert, gouverneur des Pays-Bas, et Isabelle-Eugénie, pour supprimer les établissements de prêts usuraires tenus par les Italiens lombards. Ce fut sous l'habile direction de Venceslas Cobergher, que toutes les villes du Brabant, des Flandres et du Hainaut, où existaient des établissements usuraires tenus par des Lombards, furent pourvues de Monts-de-Piété. En 1618, ce fut la création du Mont de Bruxelles, de celui d'Arras en 1621, ainsi que de ceux d'Anvers, Gand, Tournai, Cambrai, Mons, Bruges, Namur, Courtrai, Bergues. Le traité des Pyrénées, le 7 novembre 1659, et celui d'Aix-la-Chapelle, du 10 mai 1748, qui réunirent à la France la Flandre, le Hainaut, le Cambrésis et l'Artois, déclarèrent que les Monts-de-Piété établis dans les villes cédées resteraient soumis administrativement aux lettres patentes de l'archiduc Albert, du 18 janvier 1618. De même, il fut stipulé dans la capitulation de Lille, du 17 août 1667, que le Mont-de-Piété établi dans cette ville serait conservé au profit du public. La mention des Monts-de-Piété dans des documents diplomatiques, prouve l'importance de l'institution.

La France ne possédait encore à cette époque aucun Mont-de-Piété créé par elle ; ceux qui se trouvaient établis sur son nouveau territoire, avaient été annexés avec les villes ou les provinces conquises. Ce ne fut qu'à la suite de grandes difficultés, que l'institution put être introduite chez nous.

Aux Etats-Généraux de 1614 à Paris, Ugues Delestres présenta à Marie de Médicis *le premier plan d'un Mont-de-Piété franchois*. Il proposa la création d'un Mont-de-Piété « où il y aurait des « deniers pour prêter à l'intérêt du denier seize, « sur des gages que donneraient ceux qui au- « raient affaire d'argent ». Le Tiers-Etat refusa d'introduire une telle innovation, craignant qu'elle n'amena avec elle de nouveaux usuriers. Les docteurs de l'Université de Paris soutinrent la même thèse et prirent, à la date du 2 novembre 1624, une délibération considérant comme pernicieuse la création de Monts-de-Piété du modèle de ceux créés par l'archiduc Albert et confirmés par Philippe IV, roi d'Espagne.

Pourtant, au mois de février 1626, une tentative très sérieuse fut faite, basée sur d'excellents principes économiques. A cette date, le roi rendit un édit par lequel il instituait des offices de commissaires-receveurs des deniers de saisies-réelles, *dans les villes où il y avait Parlement ou justice royale,* et établissait un Mont-de-Piété dans chacune de ces villes. Ces Monts-de-Piété étaient bien différents des institutions gratuites et charitables créées en Italie et en Belgique ; ils constituaient plutôt des banques alimentées par les fonds provenant des saisies-réelles, et les capitaux que pourraient venir y déposer ceux qui prêtaient sur gages. Le taux se serait élevé à 6 1/4 pour cent d'intérêt annuel et même jusqu'à 8 1/4 sur lettres de change ; l'emprunteur contribuerait, en outre, à l'entretien du Mont-de-Piété, aux frais et salaires du personnel, par un droit fixe perçu lors du dépôt.

On voit que ce système, échafaudé sur des bases solides, présentait des avantages sérieux qui auraient dû hâter sa mise en application et son succès. Malheureusement, le mouvement de fonds du receveur de saisies-réelles, ne put faire face à la fois aux déboursés que nécessitait le Mont-de-Piété et au remboursement des fonds de saisie. Aussi, le 22 juin 1827, un arrêté en supprimant l'office des commissaires-receveurs, abolissait dans son principe le vaste établissement qui devait s'étendre sur la France entière.

Un autre essai bien compris fut fait à Paris par le médecin-gazetier Renaudot, qui prêtait sur gages dans sa maison de la rue de Calandre, à l'enseigne du *Grand-Coq*. Mais le 1er mars 1644, à la suite des attaques des docteurs de la Faculté, suscitées par la haine de Gui-Patin, un arrêt du Parlement lui fit : « très expresses inhibitions et

« défenses de plus vendre ni prêter à l'avenir sur
« gages ».

Sous la minorité de Louis XIV, en 1643, on
essaya de rétablir l'institution. Un Mont-de-Piété
établi à Paris, prêtait gratuitement sur gages aux
pauvres jusqu'à concurrence de un écu et four-
nissait des fonds au commerce, à raison de 15 %
ou trois deniers pour livre par mois, sur dépôt de
marchandises (1). L'insuffisance des fonds amena
le naufrage de cet établissement.

Une nouvelle tentative eut lieu vers 1660. M. de
Giutry qui, « ayant obtenu des lettres patentes
« du Roi pour l'établissement des Monts-de-Piété
« en France, sous le nom de Maisons de Secours,
« offre de se contenter du tiers du profit si l'Hôtel-
« Dieu en veut entreprendre l'établissement à ses
« frais et risques — ou en donner la moitié de
« profit à l'Hôtel-Dieu s'il veut souffrir que l'éta-
« blissement se fasse sous son nom ». Sur cette
offre, Monseigneur le Premier Président ayant dit
que cet établissement « estant odieux et domma-
« geable au public par un commerce d'usure
« publique, il ne sera jamais vérifié à la Cour »,
la Compagnie arrêta de ne point accepter ces propositions.

En 1684, on voulut établir des bureaux « pour
« y recevoir en gages toutes sortes d'effets, mar-
« chandises et deniers, ou même les hypothèques

_____

(1) *Monts-de-Piété*. VANLAER. Tiré des documents pour servir à
l'histoire des hôpitaux de Paris.

« foncières, sur le pied des deux tiers ou des trois
« quarts de la valeur et moyennant un intérêt de
« 5 %, plus les frais de loyer pour l'installation
« et la conservation des objets engagés ». Celui
qui fut chargé d'examiner ce projet fit un rapport des plus défavorables, trouvant « tant d'im-
pertinence dans les visions et billevesées des
donneurs d'avis, que la meilleure réponse à faire
était le silence, et que personne ne serait assez
insensé pour donner des gages et 5 % contre un
morceau de papier, qu'on ne trouverait pas de
magasins assez vastes pour conserver toutes les
marchandises de tous genres ». Avec une telle
recommandation, le Mont-de-Piété projeté en 1684
était étouffé dans l'œuf.

Les propositions de Lebret, intendant en Pro-
vince, en 1698, qui sollicitait l'établissement d'un
Mont-de-Piété à Arles, et celle de Lemoine en
1702, ne furent pas mieux accueillies.

De telles difficultés avaient découragé les plus
fervents adeptes de l'institution, et il s'écoula
presqu'un siècle sans que de nouvelles tentatives
soient faites.

Les usuriers avaient repris ouvertement leur
néfaste commerce, sans être inquiétés ; mais,
enhardis par la liberté qui leur était laissée, ils
prélevèrent des taux tellement excessifs que la
nécessité d'un remède efficace et énergique se fit
impérieusement sentir.

Sous le ministère de Necker, le Mont-de-Piété
de Paris fut rétabli. Un projet fut élaboré, qui

aboutit aux lettres patentes du 9 Décembre 1777,
rédigées par Framboisier de Baunay et enregis-
trées au Parlement d'après un plan «... formé
« uniquement par des vues de bienfaisance et
« digne de flatter la confiance publique, puisqu'il
« assure des secours d'argent peu onéreux aux
« emprunteurs dénués d'autres ressources, et
« que le bénéfice qui en résultera sera entièrement
« appliqué au soulagement des pauvres et à l'amé-
« lioration des maisons de charité ». Ce même
préambule constatait «... les bons effets qu'ont
« produit et produisent encore les Monts-de-
« Piété chez différentes nations de l'Europe et
« notamment ceux formés en Italie, ainsi que
« ceux érigés dans nos provinces de Flandre,
« Hainaut, Cambrésis et Artois, ne nous permet-
« tent pas de douter des avantages qui résulte-
« raient en faveur de nos peuples, dans notre
« bonne ville de Paris et même dans les princi-
« pales villes de notre royaume. Ce moyen nous
« a paru le plus capable de faire cesser les désor-
« dres que l'usure a introduits et qui n'ont que
« trop fréquemment entraîné la perte de plu-
« sieurs familles » (1).

Le succès de ce Mont-de-Piété fut considérable,
si l'on en croit Mercier dans son tableau de
Paris.... « On parle de quarante tonnes remplies
« de montres d'or, pour exprimer sans doute la
« quantité prodigieuse qu'on y a portée. Ce que

(1) *Isambert*, tome XXV, p. 153.

« je sais, c'est que j'ai vu sur les lieux soixante
« à quatre-vingts personnes qui, attendant leur
« tour, venaient faire chacune un emprunt qui
« n'excédait pas six livres. L'un portait ses chemi-
« ses ; celui-ci, un meuble ; celui-là, un débris
« d'armoire ; l'autre, ses boucles de souliers, un
« vieux tableau, un mauvais habit, etc..... L'opu-
« lence emprunte de même que la pauvreté. Telle
« femme sort d'un équipage, enveloppée dans sa
« capote, et y dépose pour vingt-cinq mille francs
« de diamants pour jouer le soir. Telle autre
« détache son jupon et y demande de quoi avoir
« du pain. » Les affaires faites par le Mont-de-
Piété de Paris à cette époque (1778 à 1792) furent
telles, qu'il prêta en quatorze ans au public une
somme de 247,232,816 francs.

Les lettres patentes du 7 août 1778 et du 25
mars 1779, avaient autorisé cet établissement à
emprunter à 5 % ; l'emprunt devait être fait sur
l'hypothèque des droits et revenus de l'Hôpital
général.

Dans les premières années de son existence, ce
Mont ne possédait qu'un bureau où étaient reçus
les emprunteurs ou les mandataires des emprunteurs éloignés ou empêchés, mais ces derniers
sous la surveillance et le contrôle de l'administra-
tration.

Malheureusement, ces mandataires et commissionnaires percevaient, pour leurs bons offices,
une rétribution qui venait s'ajouter encore au
taux de l'intérêt perçu par le Mont et augmentait

considérablement les charges des emprunteurs. Aussi, dut-on réglementer cet office de courtier des Monts-de-Piété et, le 10 août 1779, le Parlement de Paris, sur réquisitoire du Procureur général, rendit l'avis suivant : « La Cour fait « défense à toutes personnes de quelqu'état et « condition qu'elles puissent être, de faire la com- « mission ou le courtage du Mont-de-Piété sans « y être autorisées par le Bureau d'administration « du Mont-de-Piété, à peine de trois mille livres « d'amende applicables aux pauvres de l'Hôpital « général, même d'être poursuivies extraordinaire- « ment suivant l'exigence des cas ; autorise le dit « Bureau d'administration à faire tels règlements « qui pourront être nécessaires, pour la police et « la discipline de ceux qui seront admis à faire « la commission ou le courtage, tant à Paris que « dans les villes voisines de Paris et du ressort « de la Cour, notamment dans les villes de Ver- « sailles, Fontainebleau, Compiègne, Saint-Ger- « main-en-Lay, Saint-Denis pour, lesdits règle- « ments faits, être ensuite présentés à la Cour « pour y être homologués ».

A la suite de cet arrêt, le bureau du Mont-de-Piété fit un règlement provisoire relatif aux commissionnaires, en date du 26 août 1779 ; le règlement définitif fut arrêté le 22 Février 1780 et homologué par le Parlement, le 7 Mars suivant.

Les opérations du Mont-de-Piété de Paris aug-mentèrent à tel point que l'on dut emprunter les

greniers du monastère des Blancs-Manteaux, pour
y établir les magasins de l'excès des gages.

Voilà donc un établissement assis sur des
bases solides et dont les opérations s'étendaient
sur une vaste échelle. Il ne devait pas traverser la
période révolutionnaire sans se ressentir des idées
de l'époque.

Lorsqu'en 1789 on proclama la liberté de l'in-
dustrie, on fut obligé de considérer que les Monts-
de-Piété, dont l'institution commençait à s'étendre
par toute la France, étaient des établissements
privilégiés. Une réforme, qui fut le premier pas
vers la ruine des Monts-de-Piété, fut faite par
décret de la Convention, en date du 4 pluviôse
an II. Elle autorisait, en effet, les porteurs de
reconnaissances ne dépassant pas 20 livres, à
retirer leurs gages gratuitement.

Puis la question de l'existence même des Monts-
de-Piété fut posée par l'article 9 du même décret,
qui disait : « Les comités de secours publics et
« des finances réunis feront incessamment leur
« rapport à la Convention, sur la question de
« savoir s'il est utile au bien général de conserver
« les établissements connus sous la dénomina-
« tion de *Monts-de-Piété* ». La Convention, tout
en mettant à l'ordre du jour la discussion sur les
Monts-de-Piété, voulait que tous les privilèges
fussent abolis, même ceux dont l'existence pouvait profiter à ceux pour qui la Révolution avait
justement été faite. Aussi, un second décret du
10 pluviôse an III, reproduisit-il la même idée :

« La Convention nationale, disait ce décret, après
« avoir entendu le rapport de son comité des
« secours publics sur les difficultés qui se pré-
« sentent pour l'exécution de la loi du 1er pluviôse,
« présent mois, concernant la remise gratuite des
« effets d'habillement déposés en nantissement
« au Mont-de-Piété, charge le dit comité de lui
« présenter dans un court délai ses vues sur les
« moyens de remplacer la bienfaisance de la dite
« loi par un genre de secours plus utile et dont
« l'application puisse être faite à tous les indi-
« gents de la République indistinctement. La
« Convention décrète qu'à compter de ce jour, il
« ne sera plus donné d'effet à la loi du 4 pluviôse
« an II, concernant la remise gratuite des effets
« déposés au Mont-de-Piété ».

Aussitôt après la promulgation de ce décret,
survint l'émission du papier-monnaie et le régime
des assignats : c'était la mort des Monts-de-Piété ;
les capitaux craintifs s'éloignèrent de leurs caisses
et les capitalistes, à la recherche de placements
d'argent, préférèrent dès lors s'adresser aux établissements privés de prêt sur gages, trouvant
ainsi pour leurs fonds un emploi plus lucratif.

Au Mont-de-Piété de Paris, les comptes étaient
devenus impossibles à tenir avec une monnaie
dont le taux, par rapport à la monnaie métallique,
changeait d'heure en heure : « La citoyenne Gentil
« avait engagé huit aunes et demie de ces belles
« mousselines d'Oberkampf, en grande vogue à
« cette époque : on lui avait prêté quarante-huit

« livres sur l'estimation de soixante-douze livres.
« Le gage, plusieurs fois renouvelé, ayant disparu
« dans les magasins, l'emprunteuse avait droit à
« une indemnité. Le règlement lui accordait
« quatre-vingt-dix livres ; mais, en raison de la
« dépréciation des assignats, elle en réclamait
« douze mille. L'administration délibéra et finit
« par lui accorder quatre mille livres ».

Le Conseil général de Paris prit, le 22 Février
1793, un arrêté ordonnant une enquête afin de
rechercher quel était le remède à apporter à cet
état de choses actuel, et demandant un rapport
sur les administrateurs et sur l'établissement.
M. Blaize nous dit que ce rapport fut des plus
piteux en ce qui concernait les administrateurs,
il les représentait comme des suppôts de l'ancien
régime, lançant *les sarcasmes les plus amers
contre la Révolution*. Croyant apporter un remède
salutaire à l'état de choses existant, on congédia
tous les employés, mais cette mesure ne servit à
rien et un décret du 8 thermidor an IV supprima
le Mont-de-Piété de Paris. Ceux des provinces
s'éteignirent avec lui.

On vit alors se rouvrir au grand jour les maisons de prêts sur gages et d'usure, qui vivaient
dans l'ombre depuis longtemps. Le taux de l'intérêt étant devenu libre, d'autres établissements
se créèrent en masse. Ceux de Paris avaient pris
les noms de Lombard-Augustin, Caisse auxiliaire,
etc. Cette réapparition des usuriers occasionna
des abus criants et scandaleux, des fortunes énor-

mes se créaient en une année, et quelques-unes de ces maisons doublèrent leur capital en peu de temps. L'opinion publique se souleva. Il parut alors absolument nécessaire de relever le Mont-de-Piété et la loi du 11 Avril 1793 fut rapportée par celle du 6 Floréal an II ; en outre, un décret du 17 thermidor an III, rendu sur le rapport du comité des finances, relativement à une pétition des administrateurs du département de la Seine, décida :

1° Que l'administration du Mont-de-Piété était provisoirement autorisée à faire prêter au terme d'un mois aux emprunteurs qui le demanderaient et à faire vendre des nantissements avant la fin de l'année de l'engagement, chaque fois qu'il y aurait réquisition de l'emprunteur ;

2° Que cette administration serait autorisée à percevoir sous le nom de droit d'enregistrement au profit du Mont-de-Piété, un sol par livre du montant des prêts ;

3° Qu'au moyen de ce droit d'enregistrement, le denier pour livre qui se percevait au moment de l'engagement, pour droit de prisée, était supprimé.

Le taux de l'intérêt était fixé à 5 % par mois. Mais, comme la loi du 8 Thermidor an IV autorisait les capitalistes à prêter au taux qui leur convenait, ils préférèrent prêter aux Lombards qu'au Mont-de-Piété. Aussi, l'établissement des Blancs-Manteaux n'eut-il, pendant plusieurs années, que le portier pour tout personnel.

On put considérer alors le Mont-de-Piété comme formé. Il ne le fut officiellement que par décret du 8 Thermidor an IV. L'immeuble des Blancs-Manteaux constitua l'apport des hospices dans une société dirigée par des banquiers, dont l'honorabilité avait attiré quelques capitaux.

La réouverture du Mont-de-Piété à Paris eut lieu le 1er Thermidor an V (19 juillet 1797); mais les difficultés à surmonter furent grandes. Les administrateurs, au nombre de cinq, avaient souscrit chacun 100,000 francs, formant un capital de 500,000 francs, trop maigre pour assurer le bon fonctionnement du Mont. En outre, étant donné les nombreuses disparitions et résurrections, le peu de succès de l'institution dans le passé, le placement des actions était rendu des plus difficile. On chercha alors à se procurer des fonds par tous les moyens possibles.

On émit des obligations au porteur de petites sommes avec primes par tirage au sort; on réduisit le traitement déjà bien maigre des employés, mais par contre on exigea d'eux, ainsi que de tous ceux qui avaient avec le Mont-de-Piété des rapports quelconques, des cautionnements lourds à supporter. Tous ces moyens furent pourtant insuffisants pour permettre d'augmenter le capital d'une façon appréciable, et la nécessité se montra de restreindre le champ des opérations et, par suite, le montant des bénéfices. On limita à trente francs le maximum des sommes prêtées, en réduisant à trois mois la durée du prêt avec facilités de renouvellement ; en outre, on exigea des emprunteurs un droit proportionnel de deux deniers et demi par livre pour mois et un droit fixe d'enregistrement de 5 °/₀, soit au total un taux moyen de 38 °/₀. Pour se procurer les fonds que l'on ne pouvait demander au capital-action, on se trouva dans la nécessité de faire des emprunts contre billets aux porteurs, aux échéances de trois, six, neuf et douze mois. Comme le Mont remettait aux bailleurs de fonds un intérêt de 12, 15 et 18 °/₀, et que l'établissement offrait aux capitalistes un placement de tout repos, les fonds revinrent à lui et il réduisit en trois ans le taux de ses emprunts à 15, 12 et 10 °/₀. L'administration abaissa dès lors le taux de l'intérêt à 24 °/₀, et fixa à quatre mois la durée de l'engagement, ce qui entraîna un mouvement de sympathie en faveur du Mont-de-Piété, et suggéra à un administrateur du département de la Seine une lettre de remerciements à l'adresse de l'administration, et des efforts qu'elle avait faits pour procurer au public des secours à un taux modéré, faire diminuer progressivement le taux de l'argent, et conséquemment réduire le nombre de ces foyers de brigandage, connus sous le nom de Maisons de prêts particulières.

Mais pourtant si l'opinion publique ne ménageait pas ses encouragements à une œuvre dont la durée et les services qu'elle était appelée à rendre semblaient ne plus faire de doute, ce n'était là qu'une sympathie bien platonique, car les emprunteurs n'augmentaient pas, et les usuriers continuaient à faire fortune. Le capital provenant des prêts faits par les capitalistes ne trouvait dès lors aucun placement. Il fallait trouver un moyen de l'employer et la proposition fut émise d'escompter des valeurs solides.

Au commencement de l'an VII, il y eut un grand nombre de dépôts à 10 %, mais au 18 brumaire, le papier étant complètement discrédité et la monnaie métallique encore peu abondante, il fallut traverser une crise qui nécessita, les 28 juin et 6 août 1799, un emprunt forcé et progressif, prélevé en numéraire, sur les classes aisées. Cette crise monétaire porta un coup terrible au Mont-de-Piété, qui n'échappa pas à la loi commune des établissements financiers : les dépositaires de fonds se présentèrent pour être remboursés. Comme les prêts n'avaient été consentis au Mont que pour une durée très courte, on ne put faire face à toutes les échéances. Le 22 thermidor (10 août), un des administrateurs, Gérard de Melcy, fit un rapport au Conseil d'administration qui concluait à la fermeture de trois bureaux d'engagements, limitation des prêts à douze francs et l'intérêt à 30 %. Ce rapport fut adopté. Les commissionnaires reçurent l'ordre de cesser leurs opérations. Immédiatement, se produisit un revirement des capitaux, et ceux-là même qui déploraient, avant l'institution des Monts-de-Piété, le nombre sans cesse grandissant des usuriers, coururent placer leurs fonds chez les Lombards, préférant recevoir un intérêt moindre, mais avoir pour leurs capitaux un placement d'autant plus sûr que les emprunteurs cesseraient de placer leurs gages au Mont pour faire des engagements chez les prêteurs particuliers.

Il aurait fallu de nouveau fermer les guichets du Mont-de-Piété pour se remettre en campagne contre les Lombards, si Micoud, en conseiller clairvoyant, n'avait fait comprendre aux administrateurs, qu'il était impossible que les capitalistes aient oublié à jamais le chemin du Mont, puisque cette institution leur donnait une hypothèque certaine, un gage réalisable à court terme : l'établissement devait donc nécessairement inspirer confiance et, lorsque cette crise serait passée, les capitaux devaient revenir à lui. Sur un rapport de Micoud, en date du 2 Novembre, on résolut de rétablir les choses en leur état primitif, c'est-à-dire installer à nouveau les quatre bureaux d'engagement et reprendre le personnel que l'on s'était cru obligé de renvoyer dans l'affolement du premier moment.

Pour inspirer une confiance plus grande encore, on supprima la limite des prêts et on autorisa les commissionnaires à reprendre leurs opérations. La résolution était hardie ; elle devait triompher ; les capitalistes revinrent verser leurs fonds au Mont.

Le succès du Mont-de-Piété devint même si considérable, que le local des Blancs-Manteaux fut trop exigu et qu'on loua à grands frais une maison sise rue Vivienne, qui fut la succursale de l'établissement des Blancs-Manteaux. Les décrets des 16 et 26 Pluviôse an XII, avaient supprimé les prêteurs particuliers, en n'autorisant la création d'établissements de prêt sur gage qu'au profit des pauvres. C'était accorder le monopole au Mont-de-Piété.

L'article XII du décret du 24 Messidor an XII (13 juillet 1804), faisait prévoir la création de succursales du Mont-de-Piété de Paris.

Ce fut dès lors la fin de la période des Monts-de-Piété montés par actions, les actionnaires furent remboursés conformément à l'article 10 du décret du 24 Messidor an XII.

Le 8 Thermidor an XIII (27 juillet 1805), parut un décret réglant définitivement le fonctionnement du Mont-de-Piété de Paris.

———

Si, dans cet historique, nous nous sommes plus spécialement attaché au Mont-de-Piété de Paris, c'est qu'à l'heure actuelle il fait plus d'opérations à lui seul que les quarante-trois autres fonctionnant en France et en Algérie.

Nous donnerons pourtant quelques aperçus rapides sur l'institution, telle qu'elle fonctionne dans les principales villes de France.

Le Mont-de-Piété de Lyon date du 23 Mai 1810, et possède un fonds de dotation. Le minimum des prêts est de 2 francs et le maximum indéterminé.

Les prêts sont consentis sur tous objets mobiliers, hardes et bijoux, avec engagement d'un an, au taux de 6 %. La prisée est faite par les commissaires-priseurs responsables ; il n'y a pas de commissionnaires accrédités. Les gages sont renouvelables, sauf pour ceux composés de lainages, à cause de la difficulté de la conservation. Les bonis prescrits après trois ans du jour de l'engagement tombent dans le fonds de dotation. Un décret du 31 mai 1892, a autorisé le Mont-de-Piété de Lyon à prêter sur valeurs mobilières, jusqu'à concurrence d'un maximum de 500 fr. par opération.

A Bordeaux, le Mont-de-Piété fut créé en 1801, ce ne fut que le 19 mai 1847 que son règlement organique fut adopté. A l'inverse du précédent, il ne prête pas sur valeurs mobilières mais seulement sur vêtements et bijoux. Le minimum des prêts consentis est de 2 francs, sans qu'il soit fixé de somme pour le maximum. La durée de l'engagement est d'un an et l'intérêt de 6 %. Le nombre des commissionnaires agréés auprès du Mont est de 6. Les bonis se prescrivent par 3 ans, au bout desquels ils sont versés comme bénéfices à l'établissement.

A Marseille, le Mont-de-Piété est très ancien, il date en effet de 1696, mais fut réorganisé le 10 mars 1807. Les bénéfices qu'il procure sont affectés, moitié aux hospices et moitié à l'établissement. De même que celui de Bordeaux, le Mont-de-Piété de Marseille ne prête que sur bijoux et

hardes et non sur valeurs mobilières. Le minimum des prêts est de 3 francs et le maximum
illimité, avec durée d'engagement d'un an et possibilité de renouveler le gage. Le taux de l'intérêt
est de 5 3/4 %. De même qu'à Lyon, les bonis
sont conservés pendant trois ans à la disposition
de l'emprunteur, passé ce délai, ils constituent
les bénéfices de l'établissement.

Le Mont-de-Piété de Rouen, créé en 1826, présente un intérêt tout spécial. En 1842, en effet,
l'association normande émettait le vœu que les
Monts-de-Piété ne fussent plus obligés de verser
leurs bénéfices aux hospices, de façon qu'en capi-
talisant ils pussent arriver à diminuer le taux de
l'intérêt et venir ainsi en aide aux malheureux
d'une façon plus directe. Cette séparation fut prononcée le 25 février 1886.

L'établissement ne possède à l'heure actuelle
aucun capital, de sorte que pour faire face aux
opérations du prêt, l'administration contracte des
emprunts d'un an, sur bons à ordre ou au porteur, ou emploie les cautionnements des employés
et comptables. Le minimum des prêts est de 2
francs, le maximum de 3,000. La durée de l'engagement est d'un an avec gages indéfiniment
renouvelables, exception faite pour ceux que le
temps peut détériorer. Les bonis se prescrivent
par 3 ans.

De même que le précédent, le Mont-de-Piété de
Nantes, fondé en 1813, s'est vu séparé des hospices le 14 décembre 1867 et autorisé à se créer

un capital propre fixé à 500,000 francs. L'établissement ne prête que sur bijoux et hardes. Le
minimum des prêts est de 6 francs et le maximum
illimité, le taux de l'intérêt de 10 %. Les gages
sont indéfiniment renouvelables si leur estimation n'a pas varié. Les bonis sont prescrits par
trois ans.

Le Mont-de-Piété de Lille date du 29 Germinal
an XI, et était administré à cette époque par les
hospices de la ville. Depuis le décret du 24 Juin
185' il est régi par un Conseil d'administration.
Le taux de l'intérêt fut de 1803 à 1820, 15 %; en
1821, 12 %; en 1850, 9 %; 8 1/2 % en 1882; 8 %
en 1887 et enfin 7 % en 1889. Depuis le 1er Janvier
1899, il prête non seulement sur objets mobiliers,
mais encore sur valeurs. Il a un capital propre
accru par les bénéfices. Le minimum des prêts
est de 1 franc et le maximum de 6,000, avec gages
renouvelables. Des commissionnaires établis à
Tourcoing, Armentières, Halluin et Comines, sont
accrédités auprès de cet établissement. Les bonis
se prescrivent par 3 ans.

Il nous faut, après cette énumération, dire un
mot d'établissements qui ne sont pas, à propre-
ment parler des Monts-de-Piété, mais plutôt des
Fondations charitables, les principaux sont la
Fondation Masurel, de Lille, et le Mont-de-Piété
gratuit de Nice.

La Fondation Masurel date de 1607, reconnue
par décret du 16 Août 1860. Elle prête sur bijoux
et hardes, avec minimum de 1 franc et maximum

de 200 francs. Il n'est pas perçu d'intérêt et les bénéfices se constituent par la vente des bonis après l'expiration du délai de 3 ans.

Le Mont-de-Piété gratuit de Nice est un établissement charitable dans toute l'acception du mot. Il fut créé en 1590 et se trouve régi par la loi du 24 Juin 1851, par la loi du 30 Mars 1860 et par l'arrêté préfectoral du 21 Juin 1864. Aucune des personnes contribuant à l'administration, à l'exception de quatre employés subalternes, ne sont rétribuées. Le point saillant de l'institution est qu'elle ne prête que sur des valeurs d'or ou d'argent, dont les engagements sont valables jusqu'au jour de la vente aux enchères qui n'est faite que lorsque la caisse est épuisée. Inutile de dire que les prêts sont gratuits, que la maison n'a pas de commissionnaire, et que les bonis restent indéfiniment à la disposition des emprunteurs.

Pour terminer cet aperçu historique, il ne nous reste plus qu'à donner, sans commentaires, les dates de création des principaux Monts-de-Piété de France, ainsi que celles des ordonnances, décrets ou règlements qui les régissent :

LIEUX	DATE DE LA CRÉATION	LÉGISLATION
Aix	1637	Rég. de 1837 et du 16 juil. 1855
Angers. . .	17 juin 1684	Rég. du 8 août 1831
Apt. . . .	1674	Ord. du 12 mai 1831
Arles.. . .	1698	Ord. du 30 août 1841
Arras . . .	1618	Ord. du 3 mars 1845 et Rég. du 31 mai 1854
Avignon. . .	24 avril 1857	Ord. du 27 janv. 1832 et Rég. de 1874
Beaucaire . .	1853	Ord. du 7 novembre 1830
Besançon . .	Ord. du 17 sept. 1823	Décret du 6 août 1863
Boulogne-sur-Mer. . .	Ord. du 27 nov. 1822	Règlement de 1824
Brest	Ord. du 6 déc. 1826	Décret du 20 mars 1872
Calais. . . .	1832	Ord. du 24 juil. 1832 et du 3 mars 1845
Cambrai. . .	1625	Rég. du 24 déc. 1846
Carpentras. .	1612	Ord. du 28 juin 1831
Dijon	1822	Ord. du 6 février 1822
Douai. . . .	1626	Rég. du 13 frimaire, an XII
Dunkerque. .	1er août 1862	Décret du 25 juin 1865
Grenoble. . .	1693	
Le Havre. . .	1835	Ord. du 21 déc. 1836
Lunéville. . .	1835	Ord. du 22 mars 1835 et Rég. du 8 mai 1835
Montpellier..	1684	
Nancy. . . .	1834	Ord. du 19 mars 1834 et Décret du 15 avril 1835
Nîmes. . . .	1828	Ord. du 6 mars 1828 et Rég. du 24 juin 1829
Reims. . . .	Ord. du 4 sept. 1822	Décret du 6 mai 1854
Roubaix. .	Décret du 11 juin 1870	
Saint-Quentin	1833	Ord. du 5 mai 1833
Tarascon. .	1676	Ord. du 15 octobre 1828
Toulon. . . .	Ord. du 31 oct. 1821	
Toulouse. . .	1867	Décret du 14 déc. 1827 et Rég. du 11 juin 1869
Valenciennes.	1618	Ord. du 17 octobre 1847

CHAPITRE II

NOTIONS

FONCTIONNEMENT DES MONTS-DE-PIÉTÉ EN GÉNÉRAL

---

§ Ier. De la Création des Monts-de-Piété. Dotation

« Aucune maison de prêt sur nantissement ne
« peut être établie qu'au profit des pauvres et
« avec l'autorisation du Gouvernement. » C'est le
principe établi par l'article premier de la loi de
Pluviôse an XII, qui fut la première à monopo-
liser le prêt sur gages au profit des Monts-de-
Piété. Ce monopole a été renouvelé par la loi du
24 juin 1851, qui dit : « Les Monts-de-Piété ou
« maisons de prêts sur nantissements seront ins-
« titués comme établissements d'utilité publique
« et avec l'assentiment des Conseils municipaux
« par des décrets du Président de la République,
« selon les formes prescrites pour ces établisse-
« ments ».

La création d'un Mont-de-Piété nécessite donc

d'abord la demande d'autorisation. Tout individu qui créerait une maison de prêt sur gages, sans se conformer aux règles édictées par la loi de Pluviôse an XII et de Juin 1851, serait poursuivi conformément aux dispositions de l'article 411 du Code pénal.

Depuis la loi du 24 Juin 1851, un particulier ne peut créer de Mont-de-Piété, même au profit des pauvres et avec autorisation; il faut de plus qu'il ait obtenu l'assentiment du Conseil municipal de la commune où il veut installer son établissement et la reconnaissance d'utilité publique. Ce sont d'ailleurs, ces derniers points qui font seuls différer la loi du 24 Juin 1851 de celle de Pluviôse an XII. Sous l'empire de cette dernière, un particulier pouvait, en effet, ouvrir un établissement de prêt sur gages, à la seule condition d'avoir préalablement obtenu l'autorisation administrative.

La loi de Pluviôse ajoute qu'une maison de prêt sur nantissements ne peut être instituée qu'au profit des pauvres, c'est-à-dire que, quelque puisse être le taux de l'intérêt prélevé, un Mont-de-Piété ne doit pas être un établissement de spéculation, rapportant à ses actionnaires une quote-part des bénéfices. Les produits doivent en général servir à abaisser le taux de l'intérêt demandé aux emprunteurs ou retourner à des œuvres de bienfaisance qui remettront ainsi aux pauvres, par voie détournée, le trop perçu sur les objets engagés.

Dotation. — Il devenait dès lors difficile de

trouver le moyen d'apporter au Mont-de-Piété la première mise de fonds ou dotation, puisqu'il fallait exclure toute idée de spéculation, même quant aux personnes qui prêtaient des capitaux pour l'installation de l'établissement. Pourtant, quelque rigoureux qu'aient été ces principes, ils n'ont pas été appliqués à la lettre, pour le plus grand bien des clients du Mont-de-Piété.

Il se peut, en effet, que lors de la création du Mont-de-Piété, les créateurs empruntent à un taux minimum, ce qui permettra de couvrir les frais de l'Établissement et de prêter ces capitaux aux emprunteurs à un taux plus élevé. Il en résultera, dès lors, des bénéfices qui seront versés dans les caisses des Établissements de Bienfaisance. Ce moyen fut très usité avant 1851. A cette époque, les Monts-de-Piété avaient emprunté à titre oné- reux 28,054,476 francs, dont 19,261,279 francs à des particuliers, sur 31,801,029 francs montant des capitaux employés à leurs opérations. Des 44 Monts-de-Piété existant alors en France, 10 prê- taient avec leurs propres fonds qui ne s'élevaient qu'à 966,774 francs ; 22 n'avaient qu'une partie des fonds nécessaires à leurs opérations ; 12 ne pos- sédaient rien. Aujourd'hui, c'est par l'emprunt au taux de 2, 2 1/2 et 3 %, que le Mont-de-Piété de Paris notamment se procure des fonds (1). En 1836, à la date du 3 Février, le Mont-de-Piété de l'Isle-en-Vaucluse fut autorisé à émettre des billets

(1) BLAIZE. Tome I, p. 232.

nominatifs, bons à ordre ou au porteur, afin de se procurer les ressources nécessaires destinées à alimenter les opérations de prêt sur gages. Celui de Paris y fut de même autorisé par délibération du Conseil d'administration du 19 Janvier 1842, approuvée le 4 Juin 1842. D'autres Monts, parmi lesquels il faut ranger celui de Nancy, se sont procuré des fonds de roulement par l'adjonction d'une Caisse d'épargne qui, tout en fournissant un intérêt très suffisant à ceux qui y plaçaient leurs capitaux, servait en outre, par les sommes rassemblées dans leurs caisses, à former la dotation du Mont-de-Piété.

D'autres, enfin, ont formé leur dotation par la capitalisation de leurs bénéfices et sont arrivés à se créer aussi un fonds de roulement, qui n'est pas grevé de l'obligation de fournir des intérêts comme pour les emprunts, et qui permet de diminuer proportionnellement le taux d'intérêt exigé des emprunteurs. On a allégué que cette dernière façon de constituer la dotation des Monts-de-Piété était contraire aux prescriptions de la loi de Pluviôse an XII, qui n'autorise leur création qu'à la condition qu'ils ne soient établis qu'au profit des pauvres : le Conseil d'État a fait application de ce principe en rejetant la demande formée par le Mont-de-Piété de Metz, qui réclamait le droit de mettre tous les ans en réserve une partie des bénéfices. Cette interprétation de la loi de Pluviôse est des plus fausses ; car, si l'on considère la destination finale des fonds ainsi mis en réserve et

capitalisés, il est difficile de soutenir qu'ils ne
profitent pas aux pauvres, puisque l'intérêt que
fournissent de semblables réserves diminue d'autant celui que le Mont exige des emprunteurs. La
loi de Pluviôse n'a visé dans sa prohibition que
les prêteurs particuliers, c'est-à-dire ceux qui
cherchent un bénéfice pour eux-mêmes dans les
opérations de prêts sur nantissements, mais non
pas le fait pour un établissement de bienfaisance
comme le Mont-de-Piété de capitaliser pendant
quelques années les bénéfices de ses opérations,
pour diminuer plus tard le taux de l'intérêt et
pour pouvoir tenir ainsi tête à une crise de quelque durée.

Le ministre Gasparin, dans un rapport qu'il fit
au roi, le 5 Avril 1837, disait : « Peut-être faudrait-il
« que les bénéfices, au lieu d'entrer dans les
« caisses des hospices, fussent au moins pendant
« quelque temps abandonnés aux Monts-de-Piété
« eux-mêmes, afin de former à ces établissements
« une dotation propre et de leur permettre de
« diminuer le taux des intérêts qu'ils sont aujour-
« d'hui forcés d'exiger des déposants ».

Quelques années déjà avant ce rapport, une
application de cette façon de créer des dotations
aux Monts-de-Piété, avait été faite par une ordonnance du 6 Décembre 1829, qui avait autorisé le
Mont-de-Piété de Strasbourg à capitaliser les
bénéfices et les bonis ; de même pour le Mont-de-
Piété de Nîmes qui, par l'article 9 de l'ordonnance
constitutive du 6 Mars 1828, augmentait sa dota-

3

tion par les bénéfices résultant des opérations et par le montant des bonis non réclamés dans les trois années de la date du dépôt : ces fonds devaient servir à rembourser successivement les fonds étrangers qui se trouvaient dans la caisse du Mont-de-Piété et diminuer ainsi le taux de l'intérêt exigé des emprunteurs.

Toutes ces réformes isolées devaient trouver leur unification dans l'article 3 de la loi du 24 Juin 1851, qui porte que la dotation des Monts-de-Piété est formée... « des bénéfices et bonis constatés par les inventaires annuels et capitalisés ainsi qu'il est dit à l'article 5 ». Cet article 5 porte : « Les « Monts-de-Piété conserveront en tout ou en par-« tie et dans les limites déterminées par le décret « d'institution, leurs excédents de recettes pour « accroître leur dotation. Lorsque la dotation « suffira tant à couvrir les frais généraux qu'à « abaisser l'intérêt légal au taux de 5 %, les excé-« dents de recettes seront attribués aux hospices « ou autres établissements de bienfaisance, par « arrêté du Préfet sur l'avis du Conseil muni-« cipal ».

Inutile d'ajouter qu'outre cette capitalisation des bénéfices, la dotation des Monts-de-Piété se compose en outre : « Des biens meubles et im-« meubles affectés à sa fondation, et de ceux dont « il est ou deviendra propriétaire notamment par « dons et par legs...... Des subventions qui pour-« ront leur être attribuées sur les fonds de la

« commune, du département ou de l'Etat. » (Art. 3 de la loi du 24 Juin 1851).

La législation sur la dotation des Monts-de-Piété est donc bien établie par la loi de 1851, qui, soit dit en passant, n'est pas applicable aux Monts-de-Piété établis à titre purement charitables et qui prêtent à un taux inférieur à l'intérêt légal (art. 10).

§ II. De l'Administration des Monts-de-Piété

La loi de Pluviôse an XII n'avait pas fixé de règlements pour l'administration intérieure des Monts-de-Piété. Ce ne fut que la loi du 24 Juin 1851 et, plus tard, le règlement de 1865 qui posèrent la première base d'une administration régulière. La loi de 1851 portait, dans son article 2 : « Les Conseils d'administration des Monts-
« de-Piété seront présidés par le maire de la
« commune ; à Paris, par le Préfet de la Seine ;
« leurs fonctions seront gratuites. Ils sont nom-
« més à Paris par le Ministre de l'Intérieur ; dans
« les départements, par le Préfet ; ils devront
« être choisis : un tiers dans le Conseil munici-
« pal ; un tiers parmi les administrateurs des
« établissements charitables ; un tiers parmi les
« autres citoyens domiciliés dans la commune.
« Les membres sortants sont rééligibles. Le dé-
« cret d'institution déterminera l'organisation de
« chacun d'eux et les conditions particulières de
« leur gestion.

« Le directeur, dans les Monts-de-Piété où cet
« emploi existe, ou l'agent responsable, est
« nommé par le Ministre de l'Intérieur ou par le
« Préfet, sur la présentation du Conseil d'admi-
« nistration. En cas de refus motivé par le Mi-
« nistre ou par le Préfet, le Conseil d'adminis-
« tration est tenu de présenter un autre candidat.
« Ils peuvent être révoqués : à Paris, par le Minis-
« tre ; dans les départements, par le Préfet.

« Les Monts-de-Piété seront, quant aux règles
« de comptabilité, assimilés aux établissements
« de bienfaisance. » Cette règle de l'article 2 de
la loi de 1851 est inapplicable aux établissements
purement charitables et qui ne perçoivent soit
aucun intérêt, soit un intérêt inférieur au taux
légal de 5 %.

Le règlement de 1865 a divisé les Monts-de-
Piété en deux catégories :

1° Les Monts-de-Piété simples, qui n'ont qu'une
caisse et qu'un bureau pour chaque classe d'opérations ;

2° Les Monts-de-Piété composés, dont ceux
importants, qui ont plusieurs caisses, plusieurs
bureaux ou des succursales.

Quelle que soit, d'ailleurs, la catégorie à laquelle
ils appartiennent, leur administration est instituée suivant les prescriptions de la loi de 1851.

A noter que les fonctions d'administrateur de
Mont-de-Piété sont établies d'après les mêmes
principes que celles d'administrateur d'hospice
ou de bureau de bienfaisance.

Lors de la discussion de la loi du 24 Juin 1851, un amendement avait été proposé tendant à faire administrer les Monts-de-Piété par des directeurs responsables, auxquels seraient adjoints des Commissions de surveillance. Cet amendement faisant partie du contre-projet, fut déposé sur le bureau de l'Assemblée Constituante, le 28 août 1848, et avait pour but de renfermer les Monts-de-Piété dans leurs véritables attributions, c'est-à-dire prêter aux pauvres à bon compte, car le taux de l'intérêt pour les petites sommes à court délai, était excessivement élevé. On proposait donc de substituer à la Commission d'administration un Conseil de surveillance, de sorte que le Directeur, sous sa responsabilité, serait maître de diriger lui-même l'administration. On voulait ensuite supprimer les commissionnaires et enfin, réforme des plus utiles, rendre plus facile pour les Monts-de-Piété la création des dotations. Cet amendement, très combattu, fut repoussé.

M. Blaize (1) s'élève contre le système de la loi de 1851 et soutient l'amendement proposé. En parlant du système antérieur à cette loi et conservé par elle, il dit : « Les fonctions du Conseil « étaient gratuites, collectives et intermittentes. Il « résultait de là, d'une part, qu'elles étaient in-« compatibles avec une responsabilité réelle, car « il ne peut y avoir responsabilité là où il y a « gratuité et collectivité; et, d'autre part, que

---

(1) Tome I", p. 224 et suivantes.

« dans une foule de cas, l'administration était
« entravée par la nécessité d'obtenir l'autorisation
« ou l'avis préalable du Conseil. Cet état de
« choses avait pour résultat d'entraîner des lon-
« gueurs interminables dans les affaires, dont la
« solution ne comporte pas de délais, de jeter
« l'incertitude dans la direction de l'établissement
« et d'affaiblir, lorsqu'il ne la compromettait pas,
« l'autorité du directeur, l'influence décisive qu'il
« doit exercer sur ses subordonnés ». Et M. Blaize
ajoutait, que l'on avait tellement bien senti le côté
défectueux du système de 1851, qu'avant son
application, on avait remplacé pour le Mont-de-
Piété de Paris, le Conseil d'administration par un
simple Conseil de surveillance.

Le mécanisme des Monts-de-Piété comporte :

1° Un directeur ;

2° Un caissier ;

3° Un garde-magasin ;

4° Un ou plusieurs commissionnaires ;

5° Des commissaires-priseurs.

1° *Le Directeur*. — Il est nommé par le Ministre
de l'Intérieur ou le Préfet, sur présentation du
Conseil d'administration. Il est responsable et peut
être révoqué par les autorités qui l'ont nommé.
D'après l'article 2 du règlement de 1865, il a la
haute surveillance sur tous les services, il pré-
pare les budgets ordinaires et supplémentaires,
le règlement définitif des budgets de l'exercice
clos et contrôle tous actes d'administration et de
comptabilité. Le décret du 11 Décembre 1864 a

déclaré que les fonctions de directeur étaient in-
compatibles avec celles de caissier, exception faite
pourtant pour les Monts-de-Piété où les statuts
cumulent ces deux fonctions, comme, par exemple,
dans le décret du 18 Avril 1891, portant création
du Mont-de-Piété de Nice (art. 13 et suivants).
Le directeur qui ne cumule pas avec ses fonctions
celles de caissier, n'est pas tenu de verser un
cautionnement ;

2° *Le Caissier*. — Il est nommé par le Conseil
d'administration et soumis aux lois qui régissent
les comptables de deniers publics, c'est-à-dire
qu'il est placé sous la surveillance des receveurs
généraux et particuliers des finances de son
arrondissement qui vérifient sa caisse. Il doit
prêter serment devant le Préfet du département et
verser un cautionnement, qui ne peut être fourni
en immeubles ou en rentes sur l'Etat, mais en
numéraire versé dans les caisses du Mont; l'intérêt qu'il produit est le même que celui des cautionnements versés à la Caisse des dépôts et
consignations. A la fin de la gestion, le cautionnement est restitué au caissier en vertu d'un
arrêté préfectoral ;

3° *Le Garde-Magasin*. — Il est aussi nommé
par le Conseil d'administration et responsable
pécuniairement des objets qu'il a sous sa garde,
soit au cas de perte, soit au cas de détérioration.
Il est garant de ses sous-ordre et de ce fait il a
sur eux tous droits de surveillance et de contrôle.
Il doit fournir un cautionnement suivant les

mêmes règles que celles prescrites pour les cais-
siers, avec cette seule différence que la restitution
en est ordonnée par l'administration intéressée.

Quelques établissements sont pourvus d'un
agent appelé contrôleur, que l'on ne trouve que
dans les Monts-de-Piété dont les revenus dépas-
sent 30,000 francs. Cet agent, placé sous les ordres
du Directeur, surveille la caisse, assiste aux
ventes, examine les bordereaux des effets en magasin, etc.

Outre ces attributions, citons encore : les aides
magasiniers, expéditionnaires, etc.;

4° *Les Commissionnaires.* — Les attributions
des commissionnaires sont indiquées par le Règlement de 1865. Ce sont des individus chargés d'o-
pérer pour les particuliers des engagements ou
des dégagements et chargés de remettre aux emprunteurs les sommes provenant du boni, c'est-
à-dire la différence entre la somme reçue par
l'emprunteur et celle provenant de la vente du
gage non renouvelé à l'expiration du terme. Ils
reçoivent pour rémunération de leurs services
des rétributions fixées par les règlements et cal-
culées sur les prêts consentis par les Monts-de-
Piété.

Toutes les opérations qu'ils font sont surveillées
par l'administration et un cautionnement est
exigé d'eux comme sûreté pour ceux qui recou-
rent à leur ministère. Par contre, ceux qui les
emploient doivent justifier de la provenance du
gage qu'ils leur remettent dans les mêmes formes

qué celles employées par les Monts-de-Piété lorsqu'ils traitent sans intermédiaires avec le béné-
ficiaire de l'emprunt.

Cette institution des commissionnaires a été
très combattue, nous en avons déjà parlé dans
l'historique des Monts-de-Piété. La discussion de
la loi du 24 Juin 1851, remit leur légalité sur le
tapis. La Commission chargée d'étudier la question fit valoir, dans son rapport, que la profession
de commissionnaire des Monts-de-Piété était
libre, la loi ne pouvait intervenir pour la supprimer. Le rapport de la Commission donna lieu à
une longue discussion qui aboutit à l'article 6 de
la loi, ainsi conçu : « Il sera pourvu par règlement
« d'administration publique à tout ce qui con-
« cerne l'institution et la surveillance des agents
« intermédiaires qui sont ou pourraient être
« accrédités près des Monts-de-Piété ».

En ce qui concerne le Mont-de-Piété de Paris,
les commissionnaires qui y étaient accrédités furent supprimés le 1er Mai 1887 ;

5° *Les Commissaires-Priseurs*. — Une dernière
catégorie d'agents, exerçant des fonctions dans les
Monts-de-Piété, sont les Commissaires-Priseurs.
Ils sont chargés de l'estimation ou prisée des gages
et de leur vente. Ils reçoivent pour rémunération
le droit de prisée ou de vente, qui est de 0 fr. 50
pour cent du montant de la prisée ; quant au droit
de vente, il est réglé par quotité sur le montant du
prix des ventes.

Ajoutons, avant d'examiner la nature des opé-

rations du Mont-de-Piété, que, d'après l'article 8
de la loi de 1851... les obligations, reconnaissances
et tous actes concernant l'administration des
Monts-de-Piété, sont exempts des droits de timbre
et d'enregistrement, exception faite pour la cession
de reconnaissance par l'emprunteur à un tiers.

§ III. Opérations du Mont-de-Piété

Le rôle du Mont-de-Piété peut se définir ainsi :
« Prêter une somme d'argent sur gage, en prélevant sur cette somme un certain intérêt » (1).

Cette définition résume les diverses opérations
du Mont-de-Piété :

1° L'opération première est la réception de l'objet placé en gage et sur lequel le déposant veut
emprunter. Il ne suffit pas, pour engager un objet,
de se présenter au Mont et de déclarer au guichet
que l'on entend emprunter une certaine somme
sur le gage présenté, il faut encore justifier de sa
personnalité, prouver que l'on a un domicile, que
l'on est majeur et, dans le cas contraire, produire
l'autorisation des parents ou du tuteur. Au cas où
l'administration aurait des doutes sérieux sur la
provenance du gage ou sur la légitimité de sa possession par l'emprunteur, le prêt est suspendu et
l'objet engagé placé dans le magasin en attendant
qu'une enquête vienne prouver que le porteur du
gage était en possession légitime.

---

(1) Nous ne comprenons pas, dans cette définition, les établissements de prêts gratuits qui ne sont que l'exception.

Ce sont là des mesures nécessaires, car si l'on admettait les engagements sans vérifier l'identité de l'emprunteur, on permettrait ainsi à tous ceux qui détiennent illicitement les objets présentés au guichet du Mont, de s'en débarrasser contre argent, tout en conservant la certitude presqu'absolue de rester impunis, l'autorité judiciaire venant se heurter à l'anonymat du déposant.

Au cas où l'employé préposé à la réception des gages ne se conformerait pas à ces prescriptions et qu'il en résulterait un préjudice pour un tiers, l'administration du Mont-de-Piété serait responsable de la faute de son préposé.

2° Après que l'identité de l'emprunteur et la légitimité de sa possession sont connues, il faut apprécier la valeur du gage pour fixer la somme à remettre à l'emprunteur. Le soin de cette opération est confié à des appréciateurs. Pour les villes où il existe des commissaires-priseurs, ce sont eux qui remplissent exclusivement les fonctions d'appréciateurs. Nous avons vu plus haut qu'ils sont accrédités auprès du Mont-de-Piété par le Conseil d'administration. Dans les villes où la charge de commissaire-priseur n'existe pas, il est nommé un appréciateur spécial.

Lorsque l'estimation est faite, l'appréciateur signe un bulletin sur lequel il est fait mention de la valeur du gage, et qui y est annexé, il porte ensuite sur le registre des prêts la somme à laquelle il a évalué le gage.

Le montant de l'estimation ne doit pas être trop

élevé car, au cas où, à la vente du gage, son prix était inférieur à la somme prêtée, l'appréciateur serait rendu responsable de la différence. Cette mesure est prise dans le but d'empêcher une entente frauduleuse entre l'emprunteur et l'appréciateur, et d'élever la rémunération de ce dernier basée sur le prix de l'estimation ;

3° Lorsque le gage a été ainsi apprécié et que le quantum de la somme à verser à l'emprunteur a été déterminé, il ne reste plus à ce dernier qu'à engager l'objet sur lequel il veut emprunter, à moins toutefois qu'il estime que le gage ait été apprécié trop au-dessous de sa valeur réelle ; c'est un cas qui se présente fréquemment, étant donné que les appréciateurs, craignant d'engager leur responsabilité, estiment souvent le gage à des prix dérisoires. Avant que l'objet soit définitivement engagé, celui qui en est porteur doit justifier par des pièces certaines son domicile, sa profession et signer l'acte de dépôt ; c'est alors seulement qu'il reçoit la somme à laquelle le nantissement a été estimé, et un écrit témoignant de l'opération effectuée : c'est la *reconnaissance*.

Cette reconnaissance porte comme mentions la description de l'objet engagé, la valeur qui lui a été attribuée, la date et le montant du prêt, et pour les valeurs mobilières, la date d'échéance du premier coupon à détacher. Elle ne contient aucune autre mention, pas même le nom de l'emprunteur qui ne figure que pour mémoire sur un registre d'ordre, pour vérifier, le cas échéant, la sincérité des déclarations de l'emprunteur.

L'absence du nom de l'emprunteur sur la reconnaissance elle-même, s'explique par la nécessité qu'il y a pour le déposant de conserver l'anonymat au cas où le titre qui constate le dépôt serait égaré et tomberait entre les mains de tiers qui pourraient en user avec l'intention de porter préjudice à l'emprunteur.

On a beaucoup discuté sur la nature de cette reconnaissance au point de vue légal. On a voulu principalement y voir un effet de commerce. La reconnaissance du Mont-de-Piété a un caractère absolument spécial, le contrat qu'elle constate étant purement de bienfaisance.

Quant aux conditions du prêt, elles varient avec les différents Monts-de-Piété ; la règle la plus généralement admise est que le prêt est consenti pour une année au taux fixé par l'ordonnance d'autorisation. Ce prêt peut porter sur tous objets mobiliers et même en ce qui concerne le Mont de Paris et, depuis la loi du 15 Juillet 1891, il peut être consenti sur les valeurs mobilières.

Le contrat intervenu entre l'emprunteur et l'administration du Mont-de-Piété, oblige cette dernière à remettre à l'expiration du délai fixé, le gage au déposant, à condition qu'il rembourse la somme qui lui a été remise à l'engagement, à laquelle viennent s'ajouter les intérêts fixés par l'ordonnance d'autorisation : au cas où il ne peut ainsi se libérer, le gage est vendu. Si le pro-

duit de la vente est supérieur à la somme prêtée
et aux frais et intérêts à percevoir, l'excédent re-
vient au déposant. Cet excédent est le *boni* ; il est
laissé à la disposition du déposant pendant dix
années, à dater du jour de la vente ; passé ce délai,
il est porté aux bénéfices du Mont-de-Piété. On
ne peut considérer l'acquisition de ces bonis au
profit du Mont comme étant le résultat d'une
prescription décennale, il n'y a là qu'une simple
déchéance et tout acte interruptif de prescription
n'aurait aucun effet à son égard. D'ailleurs, comme
les bénéfices sur les bonis sont versés aux caisses
des hospices, ils ne sont plus entre les mains du
Mont-de-Piété, qui, passé le délai de dix ans,
opposerait une fin de non-recevoir à toute récla-
mation.

Le maximum du prêt a été très longtemps limité.
C'était là un mauvais procédé qui poussait les
emprunteurs de grosses sommes à s'adresser à
des prêteurs clandestins. Depuis 1887, le maximum du prêt est illimité ; pourtant la loi du 25
Juillet 1891 a porté à 500 francs le maximum des
prêts ou dépôts de valeurs mobilières au porteur.
Quant au minimum, il n'est pas le même dans
tous les Monts et varie entre un et six francs ;

4° *Renouvellement de l'engagement.* — Lorsque
la période fixée pour la durée du prêt est expirée,
l'emprunteur peut, soit laisser vendre le gage, soit
le dégager, soit renouveler l'engagement. Dans ce
dernier cas, il n'a qu'à payer les intérêts échus et

renouveler l'engagement pour une nouvelle période qui est ordinairement de une année. Pour ce faire, il est nécessaire de remplir toutes les formalités obligatoires au cas de dégagement et celles nécessaires pour l'engagement, c'est-à-dire une nouvelle prisée et la remise d'une nouvelle reconnaissance.

Pour le cas où l'emprunteur désire retirer le gage, il doit rembourser la somme prêtée, plus les intérêts et les frais : il a été autorisé par le règlement de 1865 à se libérer de cette dette vis-à-vis du Mont, par acomptes portés sur un livret spécial qui lui a été délivré. Il ne faudrait pourtant pas conclure de ce qui précède, que l'emprunteur est obligé d'attendre l'expiration du délai pour lequel le prêt a été consenti, il peut retirer son gage à quelqu'époque que ce soit, sous conditions de payer le montant du prêt, les frais et les intérêts. Toute personne porteur de la reconnaissance peut retirer le gage et ce dégagement peut s'effectuer, même au cas où le délai est expiré, jusqu'au jour de la vente.

Nous avons dit que le délai du prêt expiré, l'emprunteur peut laisser vendre le gage au profit de l'administration du Mont-de-Piété « jusqu'à concurrence de la somme qui lui est due, sauf en cas d'excédent à en faire état à l'emprunteur » (1).

Cette vente se fait aux enchères publiques,

_____

(1) Règlement de 1865, article 84.

après que le Président du Tribunal civil a rendu exécutoires les rôles des gages à vendre.

La somme produite, par le gage, à la vente, est déposée entre les mains de l'administration qui se rembourse des sommes avancées, des intérêts, des frais de manutention et de régie ; l'excédent des bonis est remis à l'emprunteur. Au cas où le produit de la vente serait inférieur à la somme prêtée, et que le Mont-de-Piété se trouverait ainsi à découvert, on pourrait croire qu'il est autorisé à avoir recours contre l'emprunteur : il n'en est rien. Lorsque le cas se présente, l'administration a recours contre l'appréciateur qui a engagé sa responsabilité en estimant le gage à une valeur trop élevée.

Aux termes du droit commun, il semblerait que l'appréciateur a lui-même recours contre l'emprunteur qui a trop perçu, pourtant un tel recours ne lui est pas permis ; la nature du Mont-de-Piété, son caractère d'œuvre de bienfaisance, l'anonymat du dépositaire, sa non-participation à l'appréciation, la garantie qui lui est due empêche tout recours contre lui. L'appréciateur est donc rendu seul responsable.

Ajoutons, pour terminer, qu'en cas de perte ou avarie du gage, le Mont-de-Piété est entièrement responsable : il doit abandonner à l'emprunteur le taux de l'estimation du gage avec un quart en sus.

§ IV. Négociation et Trafic des Reconnaissances

Malgré toutes les précautions prises par les
administrations des Monts-de-Piété, pour que les
emprunteurs aient toutes facilités de retirer leurs
gages à la fin de la période d'engagement, il arrive
souvent que, poussés par la nécessité et un nouveau besoin d'argent, ils vendent leurs reconnaissances à des individus qui en font le commerce.
C'est là ce qu'on appelle le « Trafic des reconnaissances ».

Il faut tout d'abord remarquer que si la valeur
du gage était inférieure aux charges qu'a à supporter l'emprunteur lors du dégagement, la recon·
naissance serait un papier sans valeur pour les
tiers ; mais cette hypothèse ne se présente jamais,
puisque la somme prêtée sur l'objet déposé en
nantissement est toujours notablement inférieure
à la valeur réelle de cet objet. C'est ce qui fait
que la reconnaissance a une valeur égale à la
différence entre le montant du prêt et la valeur
véritable du dépôt, déduction faite des intérêts à
payer lors du dégagement.

Il est dès lors facile de comprendre que cette
reconnaissance peut donner lieu à des spécula-
tions et que l'emprunteur dans la nécessité de se
procurer de l'argent en abandonnant tous droits
sur son gage, trouve encore dans la vente de son
titre le moyen de se procurer la somme dont il a
besoin.

Ce trafic entre vendeurs et acheteurs de recon-

4

naissances, ne peut être considéré comme illicite
en lui-même. C'est une vente régulière. Pourtant, il s'est formé autour des Monts-de-Piété
toute une corporation d'individus spéculant sur
la misère d'autrui et faisant profession de trafiquer des reconnaissances. L'abus devient alors
illicite, car il fait perdre au Mont-de-Piété sa
seule valeur morale qui consiste à permettre aux
malheureux de se procurer des ressources lorsqu'ils se trouvent dans une gêne momentanée,
avec l'espérance, quand viendront des jours meilleurs, de rentrer en possession de leur bien. Le
trafic des reconnaissances est d'autant plus vil,
qu'il consiste à acheter à des prix dérisoires les
titres de ceux qu'une pressante nécessité oblige à
faire argent de tout. Cet abus a nécessité une
réglementation, dont le législateur belge a donné
le premier l'exemple. La loi belge de 1848 sur les
Monts-de-Piété, punit en effet de 8 jours à trois
mois de prison, ceux qui auront fait le trafic habituel des reconnaissances.

La loi française de 1851 a cherché à faire perdre
aux emprunteurs l'intérêt qu'ils peuvent avoir à
s'adresser à des trafiquants, en facilitant la vente
des objets placés en nantissement.

Lors de la discussion de la loi, une proposition
émanant de son promoteur, M. Peupin, et contenue dans l'article 16 du projet, punissait les
marchands de reconnaissances des mêmes peines
que celles édictées par le Code pénal, contre ceux
qui ouvrent des maisons de prêts sur gages sans

autorisation préalable. L'article 7 a substitué aux
peines de l'article 16 un moyen préventif moins
rigoureux qui consiste, pour empêcher les emprunteurs de passer par les mains des trafiquants,
a autorisé le déposant à requérir la vente du gage
après un délai de trois mois, réformant ainsi la
législation antérieure, qui ne permettait de faire
vendre le gage qu'après l'expiration du délai
d'un an.

Malgré tous ces moyens préventifs, le commerce des marchands de reconnaissances est resté
légal, au point que ceux qui s'y adonnent sont
patentés à ce titre.

Ce genre de commerce n'offre par lui-même
qu'un danger minime. Bien plus dangereux est
celui qui consiste à déguiser l'opération sous le
couvert d'une vente à réméré : le spéculateur
achète la reconnaissance sous réserve que le vendeur pourra, dans le délai d'un mois, en rede-
venir propriétaire à condition qu'il verse à l'acheteur le prix de vente augmenté de 10 %, avec
faculté de prolonger le délai. On peut se rendre
compte du danger que présentent de telles opérations et il est facile de voir que, dans le délai
d'une année, le vendeur doit payer à son acheteur
une somme supérieure au double de celle reçue.
Il est certain que ceux qui passent par les mains
de semblables usuriers ne peuvent, dans un temps
aussi court, revenir à meilleure fortune et rentrer
en possession de leur reconnaissance en payant
le double du prix qu'ils ont reçu.

L'institution du Mont-de-Piété manque son but, lorsque la majeure partie des reconnaissances se trouvent soustraites à leur véritable destination.

De telles opérations tombent sous le coup de l'article 411 du Code pénal, qui punit d'un emprisonnement de 15 jours à 3 mois et d'une amende de 100 à 2,000 francs, ceux qui auront tenu des maisons de prêt sur gage sans autorisation. Pour tourner cette prohibition, on avait essayé de faire admettre que les reconnaissances étant des meubles incorporels, ceux qui se livraient à leur trafic ne rentraient pas dans la catégorie des prêteurs sur gages. La Cour de Cassation saisie de la question n'a pas admis cette prétention, et a déclaré que la reconnaissance n'est nullement distincte de l'objet corporel dont elle constate le dépôt, ce n'est qu'un récépissé qui a la même valeur que l'objet engagé, puisque celui-ci doit être remis au porteur de cette reconnaissance.

Comme palliatif aux dangers que présentait le trafic des reconnaissances et à l'impunité de ceux qui se livraient à ce genre de commerce, on a proposé de ne laisser que la différence la plus petite possible entre le montant de l'estimation et le prix consenti. Ce projet, au point de vue du but à atteindre, eut été excellent, s'il ne se fut heurté à des difficultés presqu'insurmontables : sa mise en application entraînerait nécessairement la suppression des commissaires-priseurs dans leurs relations avec les Monts-de-Piété. Jamais ils ne

consentiraient, en effet, à supporter la responsabilité et les risques qui résulteraient pour eux de
l'appréciation trop élevée du gage ; ils auraient
'une tendance à estimer, pour se couvrir, les objets
engagés bien au-dessous de leurs valeurs réelles
et les emprunteurs, dans l'intérêt desquels la
réforme était proposée, n'auraient plus retiré de
leurs gages que des sommes infimes ; ils se seraient adressés soit à des maisons de prêts clandestines, soit à des trafiquants.

C'eût été tourner dans un cercle vicieux. Ajoutons que l'intérêt des Monts-de-Piété eût été lésé
aussi par une telle réforme, car les objets engagés
ne trouvant preneurs à la vente, qu'à un prix inférieur à l'estimation, et le plus souvent égal au
prêt, l'établissement eut couvert de ses deniers,
les frais qui auraient dû être prélevés sur le prix
de vente du gage.

Une autre réforme, proposée en 1884 par plusieurs députés, consistait à autoriser les Monts-
de-Piété à faire eux-mêmes les opérations des
trafiquants et à prêter aussi sur les reconnaissances. Cette proposition n'eut pas de suites.

CHAPITRE III

De l'Utilité des Monts-de-Piété

———

Nombreux sont les adversaires des Monts-de-Piété, nombreux sont ceux qui ne veulent voir dans l'institution, qu'une usure légale. A côté des économistes nous trouvons, parmi ces adversaires acharnés des Monts-de-Piété, les mutualistes qui rêvent de faire rendre à la mutualité, les mêmes services que ceux que rendent les Mont-de-Piété aux miséreux accidentels. Nous n'avons pas à discuter les théories mutualistes, très dignes d'intérêt, mais avant de détruire une institution utile, voire même nécessaire, encore faut-il savoir comment la remplacer. Lorsque la mutualité se sera répandue au point d'englober la presque totalité des individus, il est évident que les Monts-de-Piété n'auront plus d'utilité que pour une catégorie d'emprunteurs peu intéressants. Mais ces temps sont loin encore, et tant que ce régime idéal ne se sera pas généralisé, il faut se contenter d'une institution qui, on doit le reconnaître, rend

des services appréciables. Il ne faut pas oublier
que le Mont-de-Piété a fait presqu'entièrement
disparaître le-prêt clandestin, qu'il a été fondé
dans ce but, et que, pour éviter le retour de l'usure
il faut le conserver, jusqu'à ce qu'une innovation
apparaisse plus en rapport avec les nouvelles
idées sur la bienfaisance et la charité.

Nous sommes obligé de reconnaître qu'il y a
une très grande part de vérité dans les critiques
adressées au Mont-de-Piété. Au point de vue
économique, notamment, il est indiscutable que
les objets engagés ne profitent à personne, qu'ils
sont immobilisés, se détériorent, et perdent à la
longue une grande partie de leur valeur, sans que
cette dépréciation ait profité soit au prêteur, soit
à l'emprunteur. Il est certain qu'un vêtement engagé alors qu'il était encore conforme aux exi-
gences de la mode, ce qui entrait pour une grande
part dans sa valeur, perdra d'une année à l'autre,
ou par suite de renouvellements successifs, une
grande partie de cette valeur, parce que le tissu
dont il est fait ne se porte plus ou que sa coupe
et sa couleur sont passées de mode. Comme la
presque totalité du capital mobilier ne trouve sa
valeur que par la jouissance qu'il procure, lorsqu'il n'est plus susceptible de procurer cette
jouissance, il a perdu toute valeur. Nous pouvons
citer aussi à titre·d'exemple, un objet qui se
trouve en grand nombre dans les magasins du
Mont-de-Piété : la montre ; la valeur en usage
d'une montre est bien supérieure à celle du métal

qui la compose, or, tout le monde sait qu'une montre qui reste plusieurs années sans fonctionner n'a plus aucune valeur à l'usage, les rouages en sont rouillés, le mouvement déréglé ; elle ne vaut plus que le prix de l'or ou de l'argent dont elle est faite ; elle a perdu ainsi à être retirée de la circulation la presque totalité de cette valeur à l'usage.

L'administration des Monts-de-Piété avait compris tout le poids de cette critique, aussi, actuellement, refuse-t-elle tout renouvellement pour des objets dont la valeur diminue par l'immobilisation. L'intérêt de l'établissement exigeait d'ailleurs que cette mesure fut prise ; en effet, lorsque la vente a lieu, si le Mont-de-Piété avait autorisé de nombreux renouvellements d'un objet qui perd sa valeur par le non-usage, il ne retirerait plus de la vente la somme qu'il avait avancée à l'engagement. Les Monts-de-Piété ne font exception à cette règle que pour les objets ou les bijoux de famille, c'est-à-dire ceux auxquels les emprunteurs n'attachent de prix qu'à raison des souvenirs qu'ils peuvent leur rappeler.

Au point de vue moral, les reproches adressés aux Monts-de-Piété sont plus violents encore, et l'on a prétendu que bien rarement l'argent tiré des gages déposés a servi à soulager des misères momentanées. On a cité l'exemple du joueur qui va porter au Mont-de-Piété le dernier bijou qu'il porte pour tenter une dernière fois la veine, et, à l'appui de cet exemple, on a montré l'état

florissant des Monts-de-Piété de Namur et de
Monte-Carlo. On a montré aussi les femmes
galantes allant engager les diamants offerts par
leur dernier amant, pour en retirer l'argent qui
leur permettra d'attendre là générosité d'un
autre. On a signalé parmi les clients habituels
du Mont-de-Piété, l'étudiant qui, ayant dépensé
en quelques jours le montant de ses inscriptions
ou de ses examens, va porter sa montre chez
« ma tante » pour éviter de s'attirer de parents
quelquefois peu fortunés les reproches que moti-
veraient sa conduite. Enfin, on accuse le Mont-
de-Piété d'être le complice muet des voleurs
qui trouvent dans ses magasins un lieu de dépôt
sûr, pour cacher le produit de leurs vols, ou des
banqueroutiers qui y emmagasinent les marchandises qui devraient servir de gages à leurs
créanciers.

Cette réputation faite aux Monts-de-Piété est
imméritée. Elle provient de cette idée que l'immense majorité du public croit que lorsqu'un
objet est déposé au Mont-de-Piété il est définitivement perdu pour son propriétaire. En outre le
mot de Mont-de-Piété sonne mal aux oreilles, et
on a pris l'habitude de le considérer comme le
dernier refuge des gens talonnés par la misère.
C'est là une idée fausse. Cette institution n'est, en
somme, qu'une variété de docks ou de magasins
généraux, et la reconnaissance n'est autre chose
qu'un warrant. Cela est si vrai que celui qui visite
les magasins d'un Mont-de-Piété, est frappé par le

nombre considérable de buffets, lits, armoires, etc., qui y sont déposés, alors qu'il est bien rare que dans les ventes figurent quelques-uns de ces meubles ; la raison en est simple : lorsque des individus tiennent à se débarrasser pour quelque temps d'un mobilier qui les gêne, ils l'engagent au Mont-de-Piété qui se charge de le conserver, de l'assurer contre tous risques, moyennant une rémunération annuelle parfois des plus minimes.

Quant aux clients peu intéressants du Mont-de-Piété, ils sont fort peu à côté du nombre considérable des malheureux qui trouvent dans les ressources que leur procure l'établissement, le moyen de traverser des moments difficiles. En tous cas, supposons que les critiques adressées au Mont-de-Piété soient suffisamment fondées pour en justifier la suppression, il est évident que cette mesure nuirait seulement à la clientèle intéressante du Mont, et non pas à ceux qui s'adressent à lui pour obtenir des fonds qu'ils emploient à de mauvais usages. Cette dernière catégorie d'individus trouverait toujours à emprunter, et la suppression du Mont ne les toucherait pas. Au contraire, le malheureux, le véritable client de l'établissement, n'ayant plus le moyen de traverser une crise pécuniaire, conséquence de la maladie ou du chômage, se verrait obligé de s'adresser à des prêteurs clandestins, qui trouveraient une clientèle nouvelle dans celle abandonnée par le Mont-de-Piété. Ce serait faire un pas en

arrière et rétablir un état de chose que l'on a eu
tant de mal à détruire.

Une visite dans les magasins du Mont-de-Piété
de Nancy nous a permis de constater que sur les
60.000 dépôts qui s'y trouvent, l'immense majorité
est composée de couchages, toiles, effets, etc., qui
ont certainement été engagés par des nécessiteux,
par ceux qui évitent, avec l'argent prêté, d'être mis
sur le pavé par leur propriétaire. Nous avons
remarqué aussi, parmi ces dépôts, d'énormes
pièces de toiles, placées là par des commerçants
pour pouvoir faire face à une échéance et éviter la
faillite. Ces deux catégories d'emprunteurs sont,
sans contester, des plus intéressants. Parmi les
objets déposés, on trouve encore des bicyclettes,
pendules, caves à liqueurs, bronzes, objets qui
n'appartiennent certainement pas à des ouvriers
ou à des petits employés ; leur présence au Mont-
de-Piété s'explique tout naturellement par leur
nature même. Il se peut, en effet, et le cas est
fréquent, que des individus qui occupaient une
situation aisée tombent dans la misère ; pour se
procurer de l'argent, en attendant des jours meilleurs, ils engageront les objets dont la disparition
n'éveillera pas l'attention du prochain toujours
désobligeant, et qu'ils retireront aussitôt revenus
à meilleure fortune. Le nombre des engagements
et celui des dégagements est sensiblement iden-
tique, d'où il résulte que les ventes sont rares ;
cette dernière considération prouve suffisamment
que l'argent prêté sur le dépôt a servi aux em-

prunteurs à traverser une crise momentanée, puisqu'ils ont pu au bout de quelque temps réunir la somme suffisante pour retirer leur gage. A tous ceux-là le Mont-de-Piété a rendu service, et c'est la presque totalité de sa clientèle.

La conclusion de ces considérations est facile à tirer : Tant qu'une innovation, ne présentant pas les quelques petits défauts du Mont-de-Piété, ne sera pas venue le remplacer, il faut se contenter de l'institution telle qu'elle fonctionne actuellement, elle rend d'immenses services à toute une catégorie de « pauvres honteux », trop fiers pour s'adresser aux institutions purement charitables. Ce ne sont pas des considérations écon miques et morales purement théoriques qui pourront être opposées aux résultats matériels des plus appréciables obtenus par les Monts-de-Piété.

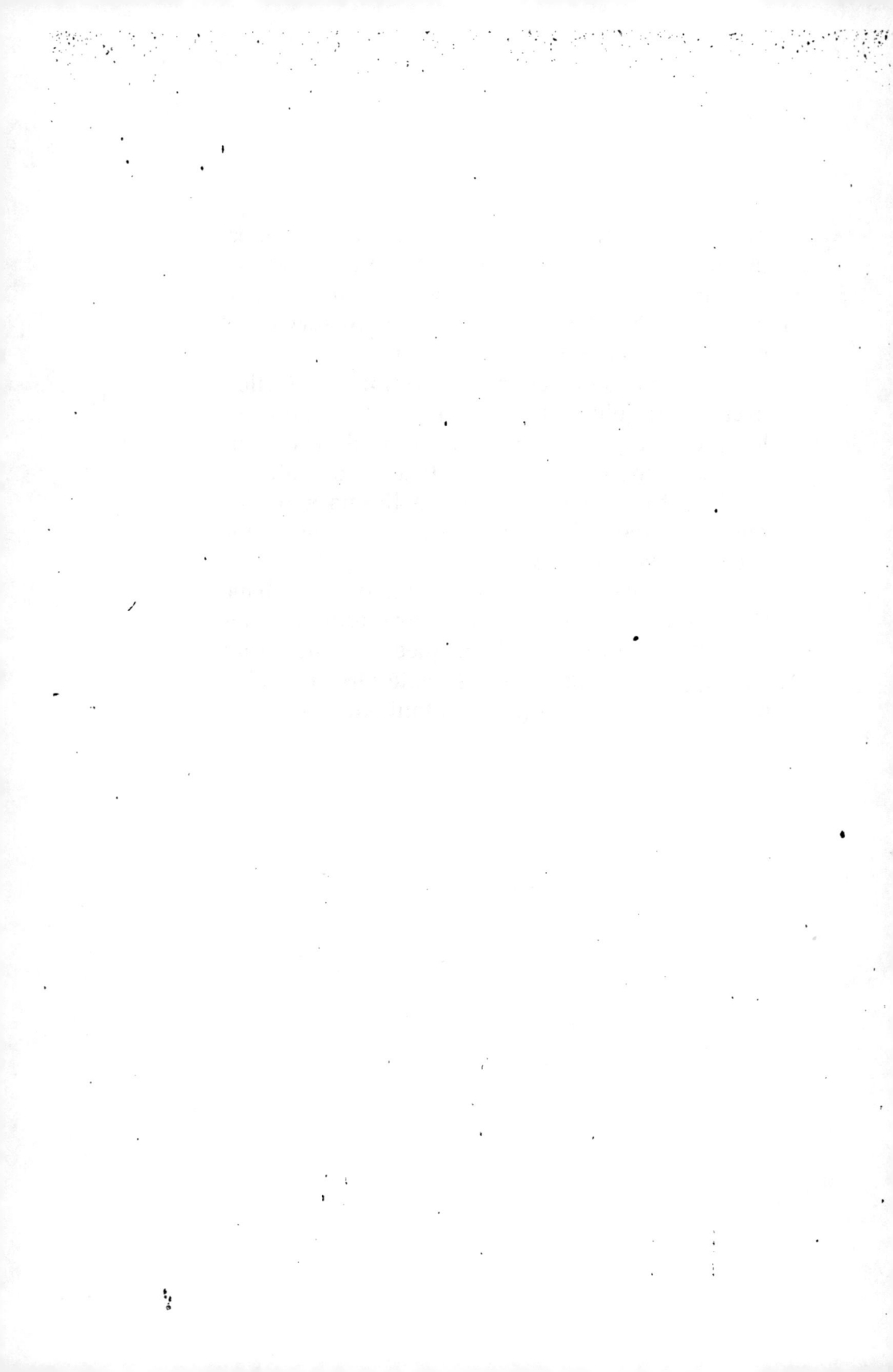

DEUXIÈME PARTIE

Le Mont-de-Piété de Nancy

ORIGINES ET HISTORIQUE

CHAPITRE I

Des Origines à la Révolution

Il existe déjà une notice sur les origines et la fondation du Mont-de-Piété de Nancy. Cet opuscule, œuvre de M. Guérard, ancien caissier du Mont-de-Piété, mentionne d'une façon très complète les différentes phases de la création du Mont de Nancy et reproduit les documents historiques émanant des fondateurs. Malgré les recherches que nous avons faites, nous n'avons pu trouver d'autres documents que ceux reproduits dans l'ouvrage de M. Guérard. Quelques inexactitudes, selon nous, sont pourtant à relever, nous le ferons scrupuleusement au cours de cet exposé.

Celui qui, le premier en Lorraine, s'émut de

l'envahissement des prêteurs sur gages et des usuriers fut le duc Raoul (1329-1346), qui rendit une ordonnance aux termes de laquelle : « Celuy « qui fera usure comme prestant sur gages qui « vauldront plus du double de la chose prestée, « perdra son dû et recevra trois coups de verge « du sergent à l'issue de la grand-messe ».

Soit que ce châtiment n'ait inspiré aucune crainte aux usuriers, soit que cette ordonnance fut restée lettre morte, son efficacité ne paraît pas avoir été bien grande et, après que Charles III eut rendu une ordonnance limitant le taux de l'argent à 7 % et condamnant les usuriers au bannissement et au carcan (1), il se rendit compte qu'il ne pouvait arriver à lutter avec de telles armes contre le prêt usuraire clandestin. C'est alors que, par lettres patentes du 4 mai 1590, il songea à s'adresser aux nationaux du pays qui avaient vu prendre naissance aux tentatives de répression de l'usure, et permit à Alexandre Castalin Florentin de « donner argent à censive « qui s'extendra à 25 ans, de telle sorte que celuy « qui prendra 100 écus à cens, pour s'en acquitter « devra payer en 25 ans pour principal et intérêt « desdits 100 écus, 225 écus qui fera 9 écus par « chacune desdites 25 années, qui feront 225 écus « pour tous lesdits 25 ans et ainsi au porata pour « les sommes plus grandes ou moindres ». Ce

---

(1) GUÉRARD. *Notice sur le Mont-de-Piété de Nancy*, archives départementales 1540, folio 110.

moyen d'enrayer le mal n'eut aucun succès puisque Charles III, par lettres patentes du 21 juillet 1597, crut qu'il était utile d'agir par voie de concurrence, en érigeant un Mont-de-Piété à Nancy. Il est intéressant de noter, in extenso, les termes mêmes de ces lettres patentes et de voir quels motifs ont poussés le duc Charles à accorder un monopole à Maggino Gabrieli, consul général de la nation hébraïque. Ce ne fut d'abord qu'un intérêt commercial qui servit de prétexte à cette fondation. Charles III avait en effet autorisé, le 22 juin 1597, les « hébrieulx » à commercer dans ses états, sous la réserve que l'argent qui proviendrait de leurs ventes restat dans les états du duc Charles et ne fut pas transporté aux « païs desdits Hébrieulx ».

Comme Maggino Gabrieli, consul général de la nation hébraïque, et ceux qui se trouvaient sous sa protection voulaient trouver un placemoht profitable pour les capitaux, fruits de leur commerce :

« Le dit consul, disent les lettres patentes, nous aurait très humblement requis et supplié de vouloir tolérer le prest desdits deniers aux conditions portées par les articles, qu'il nous en auroit présenté ; lesquelz ainus faict veoir et examiner, nous, pour certaines bonnes considérations à ce nous mouvans, avons inhibé et défendu, inhibons et deffendons à tous hébrieulx, quelz ilz soient, de prester argent à intérêt en noz pays sur gaiges ou autrement, soulz quel prétexte ou couverture que ce puisse estre, soit à noz subjeclz ou autres chrestiens estrangers, sur peine de confiscation de ce qui se

trouvera avoir esté presté et d'amende de dix escus pour
chacun escu, tant sur ceulx qui auront presté lesdetz deniers,
que sur ceulx qui les auront empruntez ; desquelles amendes
et confiscations la moitié sera applicable à nous, un quart à
l'hospital des lieux et l'autre quart au dénunciateur. Et
néantmoings pour soulager aucunement ceux qui souventes-
fois sont pressez de recouvrer des deniers promptement pour
le soulagement de leurs affaires domestiques et pour éviter
plus grande perte, nous avons de nostre grâce spécialle et
aucthorité souveraine, donné audit consul général seulle
et non autres, aucthorité et pouvoir déslire et nommer
trois hébrieulx pour chefs des deux bancques qui se
feront et exerceront en nostre ville de Nancy et autres lieux
où ils résideront et tiendront magasins de leurs dictes marchandises, pour l'utilité et commodité de nosdictz subjectz et
non ailleurs, et auxquelles bancques lesdictz deux chefs pourront prester argent à intérest à nosdictz subjectz, en la même
manière, forme et tolérance qu'il se praticque par les hébrieulx
bancquiers résidans à Rome soulz l'obéissance de Sa Saincte-
teté, ou selon qu'il est permis en l'estat de Milan, soulz Sa
Majesté Catholique, et par le Roy de France, en son royaume ;
lesquelz hébrieulx pourront aussy prester aux estrangers et
autres qui ne seront de noz subjectz selon les conventions qui
s'en feront entre eulx. Mais pour le regard des habitans dudict Nancy, tant de la vieille que nouvelle ville, ne pourront
lesdictz banquiers hébrieulx, leur prester à plus haut pris que
de cinq pour cent moins qu'il est permis par Sa dicte Saincte-
teté et princes susdictz. Déclarons aussi que l'intérest des
deniers prestez estans paiez à la fin de chacun six mois, les
dictz hébrieulx ne pourront répéter le principal, ni vendre les
gaiges qu'ilz auront en mains. Et affin que les pauvres demeu-
rans tant audict Nancy que la ville nœufve ne soient con-
trainctz, comme ilz sont, pour achepter pains et autres alli-
ments pour leurs pauvres enffans et familles, vendre les
meubles de leurs maisons, comme d'estaing, de cuyvre,
habitz et autres choses à vil pris, lesdictz consul et hébrieulx,

outre les aumosnes qu'ilz feront aux autres pauvres impotens et mandiantz, seront tenus d'establir à ladicte ville neufve un lieu seur qui se nommera le *Mont-de-Piété* pour le temps et espace de ving cinq ans, et ce pour le soulagement desditz pauvres déclairés et tenus pour vrais pauvres nécessiteux et non autres, ausquelz lesdictz hébrieulx s'obligeront de prester argent par petittes sommes, lesquelles ils ne pourront reffuser sur lesdictz meubles, à raison de deux et demy pour cent pour six mois, à la fin desquels, n'estans iceulx meubles acheptez, seront vendus à son de trompe et le résidu outre la somme principale et les intérestz sera fidellement et loyamment restitué ausdictz pauvres ; et à cest effect seront deux jours de chacune sepmaine désignés pour vacquer aux presls, scavoir le lundy et jeudy, l'un pour prester, comme dict est, et l'autre pour recepvoir le deu provenant dudict prest. Et pour ce qu'aucuns de nosdictz pays, alléchez (peut estre) d'une amitié de gain, pourraient prester leurs deniers ausdictz banquiers et hébrieulx en intention d'en tirer plus grand profflet et intérest que celuy qui est permis par nos ordonnances, nous inhibons et deffendons à tous nosdictz subjectz, de quel estal, qualité et condition qu'ilz soient de prester leurs deniers ausdictz hébrieulx, soit directement ou indirectement, soubz la mesme peine et confiscation des sommes qui se trouveront ainsy prestées et d'amende de dix escus pour chacun escu, tant audessus que dessoubz, avec pareille défense, ausdictz hébrieulx, d'en recevoir de nosdictz subjectz soubz les mesmes peines et amendes ; et lesquelz hébrieulx seront tenus de prester serment de n'en recevoir, et au cas qu'ilz se trouveraient controvenans seront mulctables de l'amende de mil escus pour chacune fois ; desquelles confiscations et amendes, la moietyé nous appartiendra, un quart aux hospitaux des lieux, et l'autre quart au dénunciateur. Voulons aussi que celui des deux contrahans, soit de noz subjectz ou hébrieulx, qui fera le premier la dénunciation, soit, en ce cas, exempt desdictes confiscations et amendes, lesquelles l'autre partye déférée, sera tenue de payer, et ce par emprisonnement de sa personne jusques à pleine et entière satisfaction..... Données en nostre dicte ville de Nancy, le vingt ungième jour du mois de Juillet mil cinq cens quatre-vingtz et dix sept (1). »

Il semble difficile que l'institution fondée par Charles III dans ces lettres patentes ait pu avoir une existence effective. L'idée du Mont-de-Piété ne s'en dégage pas encore nettement, et il semble plutôt que cette innovation ait dû être à la fois une banque de prêt d'argent, un Mont-de-Piété et même un bureau de bienfaisance « lesdictz consul « et hébrieulx, outre les aumosnes qu'ilz feront « aux autres pauvres impotens et mandiantz, « seront tenus d'établir un Mont-de-Piété ». Il y a d'ailleurs une raison primordiale à ce que Maggino Gabrieli n'ait pas usé du privilège qui lui était accordé, c'est que les charges qui lui étaient imposées étaient trop lourdes et les bénéfices à en retirer trop faibles. Il est bien certain que lorsqu'il sollicita de Charles III l'autorisation de prêter sur gages, il ne voulait pas faire œuvre de bienfaisance, mais plutôt une spéculation ; les conditions qui lui furent imposées expliquent tout naturellement qu'il n'ait pas usé du privilège qui lui était conféré.

Cette opinion semble confirmée par le fait que Charles III ne voulut plus laisser, dans une tentative faite en 1599, la création d'un Mont-de-

(1) *Trésor des Chartres*, Reg. des lettres patentes de 1597, f° 133.

Piété à l'initiative privée et qu'il chargea le colonel
Orféo Galéani, qui se rendait en Italie pour le
mariage du prince Henri, de lui rapporter tous
renseignements qu'il pourrait recueillir sur « les
« uz et statuts du Mont-de-Piété de Florence, à
« l'égard de ces prêts et intérêts d'iceulx ».
Charles III emprunta en outre, par l'intermédiaire
d'Orféo Galéani, au Mont-de-Piété de Florence,
une somme de 30.000 piastres (1). Cet emprunt et
le souci que mettait Charles III à créer une institution durable, établie sur les bases et le modèle
des Monts-de-Piété italiens, nous confirme dans
l'idée que Maggino Gabrieli n'usa pas du privilège
qui lui avait été accordé, ou qu'il en avait usé de
façon telle que le besoin s'était fait sentir de créer
un établissement sous le contrôle direct du duc
de Lorraine.

S'il ne fut pas donné à Charles III de mener à
bien la création d'un Mont-de-Piété à Nancy, son
successeur Charles IV rendit, le 3 septembre 1630,
une ordonnance exposant la nécessité de réprimer
l'usure, et prescrivant la création d'un Mont-de-
Piété. Ce document, véritablement remarquable,
prévoyait les plus infimes détails et si l'œuvre
qu'il instituait n'eut qu'une durée éphémère,
c'est que le mal était trop profondément enraciné
pour que le premier remède put en triompher.

Le texte de cette ordonnance est ainsi conçu :

---

(1) Archives du départ. Lesage, TI P. 203.

« Charles, par la grâce de Dieu, duc de Lorraine, à tous qui verront les présentes, salut :

« Comme sur les soings et désirs que nous avons du bien et soulagement de nos subjectz, il nous ayt esté représenté qu'autrefois il aurait esté proposé d'establir dans noz païs certaine forme de Mont-de-Piété, pour leur assistance et prompte secours de prest d'argent à toutes occasions de leur besoing, dont toutesfois le dessein seroit demeuré sans effect (allusion à la tentative faite par Charles III), et soit que le sieur Charles Mus, administrateur du Mont-de-Pitié de la ville de Thuin au païs de Liège, nous ayt fait entendre, que, pour le désir qu'il a de nous servir, il en establiroit volontiers un dans nostre ville de Nancy aux mesmes charges et conditions que celui qui est érigé en la ville de Bruxelles ; la cognoissance que nous avons des usures excessives qui se commettent en noz païs nonobstant toutes ordonnances faites par nos prédécesseurs ducs et nous-mesme, nous a fait considérer le bien et commodité que l'on peut espérer de tel établissement pour redimer les pauvres et mesmes les riches des rigueurs et ruynes que l'avarice leur fait supporter, à leur besoing et nécessité, et selon que les plaintes et les procès qui s'en ensuivent journellement, descouvrent le mal et la misère à tel point qu'encore que par les prestz d'argent permis par l'érection dudit Mont de Bruxelles, qui nous a esté représenté à cest effect, ce bien nous ayt semblé d'abord peu considérable en l'excès qui paroît de la rente ou intérest accordé par les deniers qui y sont prestez, si est ce que tel et tout autre remède pouvant estre toléré pour éviter toutes occasions et contraintes de souffrir par noz subjectz l'extrémité desdites usures, et mesme ayant esgard que la rente et intérest desditz prestz n'est permis qu'à cause des grands frais qu'il est besoing d'employer à l'entretenement dudit Mont, comme nous l'avons fait recognoistre si exactement, qu'il est certain que, pour donner commencement à cest établissement, il convient accorder quinze pour cent afin d'indemniser et garantir de perte celui qui entreprend ceste érection ; à condition toutesfois que tout le proffit qui pourra arriver à la suite du temps, après les charges ordinaires acquittées, ne sera aucunement pour ledit entrepreneur, mais pour servir à diminuer d'autant par chacun an, ladite rente et intérest, comme nous entendons que pour celui establi à Bruxelles et autres lieux des Païs Bas, les intérests de quinze pour cent se trouvent réduits à beaucoup moins depuis leur establissement et que ceste réduction doit continuer jusque à ce que lesdits intérestz puissent estre réglés à sept pour cent et au dessoub, selon qu'il est aussi convenu pour la présente érection qui nous est proposée, oultre plusieures autres modifications et adventages et soulagement que nos subjectz de toute qualité en peuvent ressentir à l'advenir, soit pour le bien du commerce et mesme pour l'assistance des pauvres par prest de pure charité, et sans toutesfois que en ayons aucune intention d'empescher la liberté de suivre tous les autres moyens recherchez ci-devant et pratiquez pour nos subjetz pour estre assistez à leur besoing, ainsi que le tout sera plus à plain déclaré ci-après.

|

« Nous pour ces causes et après avoir eu l'advis de nostre conseil, et sur la délibération et l'advis particulier de bon nombre d'anciens principaux théologiens de nostre Estat, assemblez de l'authorité et par mandement exprès de nostre très cher et très aymé frère, monsieur le cardinal, à l'égard du dit intérest de quinze pour cent par eux approuvé pour les raisons de l'indemnité sus déclarée, sçavoir faisons que, le tout bien et mûrement considéré, avons permis, accordé et octroyé, permettons, accordons et octroyons audit Sieur Charles Mus de pouvoir ériger en ceste nostre ville de Nancy, un Mont-de-Piété et ce au lieu qui sera trouvé plus commode, attendant qu'il y ait fond suffisant pour bastir une maison propre à l'usage d'iceluy, et que l'ouverture dudit Mont se fera dans le jour des Cendres de l'année prochaine 1631 si faire se peut, sinon au plus tost qu'il pourra.

II

« Que celuy sera tenu et obligé de faire le fond nécessaire à l'établissement et érection d'iceluy, de ses deniers ou de son crédit, pour assister par prest toutes personnes, de quelle qualité et condition elles soient, qui pourroient y avoir recours pour le besoing de leurs affaires ou autres nécessitez sur gages qu'ils apporter   audit Mont pour la seureté du prest.

III

« Et pour donner autant de moyen et ayde audit administrateur à supporter les charges et fond d'iceluy, nous avons accordé qu'il soit loisible à un chacun de mettre argent en rente audit Mont, par pure constitution et à rachapt, et prester argent audit Mont en payant la rente et intérest à raison de sept pour cent, payable de six mois en six mois ; comme aussy nous avons permis d'acheter rentes à vie à proportionner selon l'âge des acheteurs, en sorte qu'à raison de la perte qui se fait de la somme principale par la mort dudit acheteur qui l'a baillée, et de hazard de sa vie plus courte ou plus longue, il est licite d'en tirer rente ou intérest à plus haut qu'il n'est permis par les ordonnances et lois ordinaires, selon que la pratique en est assez fréquente ez lieux où se trouvent érigez semblables Mont-de-Piété, et au moyen de quoy nous avons accordé que les contrats desdites rentes à vie se passeront sans aucuns frais dudit acheteur pardevant un tabellion, lequel tiendra registre de toutes rentes ou pretz affectez sur ledit Mont, et ne pourra passer les lettres aux créditeurs sans estre vidimées par l'intendant et scellées de l'ordonnance des sieurs protecteurs et conseillers qui seront établis pour l'administration dudit Mont.

IV

« En faveur et contemplation dudit Mont, et par grâce particulière, nous avons déclaré et déclarons que tant les constitutions et les achapts desdites rentes et pretz qui se feront audit Mont, seront exempts de toutes cotisations et contributions et généralement de toutes charges qui pourroient estre imposées sur deniers de semblable nature.

V

« Toutes lesdites rentes et pretz seront en outre affranchis de tous droits de confiscation jusques à la somme de dix mille francs et au-dessous en capital pour chacun créditeur dudit Mont, et ce pour quel cas ou crime qu'ils pourroient commettre après le terme de deux ans, à compter du jour de la constitution de la rente ou desdits prests, excepté seulement le crime de lèze majesté, et que ce privilège n'aura lieu qu'en faveur du premier acheteur desdites rentes et créditeur et de ses enfans légitimes sans pouvoir passer à personne.

VI

« Par les moyens que dessus ledit Mont estant fourny de deniers, l'on prestera à moindre prix que faire se pourra, au plus grand soulagement des pauvres et du public, et du proffit provenant à raison de tel prest se payeront premier les rentes et pensions à vie comme aussi les salaires de l'administrateur, intendant et serviteurs, et tout ce qui dépendra de la fonction, suivant le taxe que nous en avons fait.

VII

« Que si lesdites charges prédites payées, il y avoit quelque reste surcroissant, le reste sera joint avec les aumosnes et pieux légats que l'on pourra faire audit Mont pour servir à la réduction et diminution desdits interestz de quinze pour cent et autres susdéclarez.

VIII

« Et afin que la conduite dudit Mont soit dirigée avec un bon ordre, l'administrateur délivrera à l'intendant, tous les mois, l'estat de son Mont, lequel intendant le fera voir et entendre aux protecteurs et conseillers d'iceluy, visitera souvent ledit Mont, avec reveüe des gages, et se rendra compte en sa présence une fois l'an par devant les sieurs protecteurs et conseillers dudit Mont, pour, iceluy ouy, arresté et conclud, diminuer annuellement l'intérest si faire se peut.

IX

« L'on ne prestera audit Mont sur héritages, obligation, cession ou tenans nature d'iceulx, mais seulement sur meubles qui pourront entrer et sortir dudit Mont.

X

« L'administrateur et officiers dudit Mont ne seront tirez en cause par devant aucun juge de nos païs pour quel cas que ce soit, sinon par devant les sieurs protecteurs et conseillers dudit Mont.

XI

« Les gages apportez audit Mont se garderont un an entier, après lequel seront vendus publiquement au plus offrant et dernier enchérisseur, au jour qui sera prescrit et publié par affiches, et ce par un vendeur public qui prestera serment au Mont, pour recouvrer sur le prix de la vente le prest, avec l'intérest lors escheu ; et avant procéder à ladite vente, s'en fera l'estimation par priseur assermenté si le gage est précieux, ainsi qu'il se pratique en nos païs, pour, après avoir retiré le capital et intérest, restituer au propriétaire le reste du prix de son gage vendu en rapportant le billet.

XII

Que si toutesfois le propriétaire se présente à la fin de l'année pour payer l'intérest de son gage, l'administrateur sera tenu de recevoir et garder derechef ledit gage un an entier, si ledit propriétaire, pendant ladite année, ne le vient racheter.

XIII

« Et s'il arrivait que quelqu'un eût perdu le billet qui se donne pour faire paroistre le gage apporté au Mont, iceluy sera tenu en donner bonnes enseignes et caution suffisante, moïennant quoy lui sera baillé nouveau billet.

XIV

'Et d'autant que, par pur abus et tromperies, aucuns peuvent apporter audit Mont, des gages pris à autruy et desrobez, lesquels gages peuvent estre répétez par le propriétaire, nous, avec bonne et particulière délibération, avons accordé et accordons que les gages ne pourront estre répétez ou réclamez soub titre d'emprunt ou larcin qu'en payant le capital et l'intérest à la ratte et proportion du temps qu'il aura esté apporté et demeuré audit Mont ; sera néanmoins, à la prudence de l'administrateur ou son commis, en son absence, de prendre garde à la qualité de la personne qui portera le gage pour, en cas qu'il présume ledit gage estre désrobé, en différer le prest jusques à ce que, par certificat de quelque personne de cognoissance, il luy apparoisse de l'estat et condition de celuy qui empruntera, de quoy il sera chargé par son serment; et en cas que quelqu'un soit desrobé, il pourra en donner avis audit administrateur, avec déclaration et désignation de la qualité du larcin, pour y prendre garde et advertir le propriétaire, selon l'adresse qui sera donnée audit administrateur ; auquel cas le prest requis sera différé de trois à quatre jours.

XV

« Et pour plus grande précaution, nous avons inhibé et deffendu, comme par cestes nous inhibons et deffendons à toutes personnes, de porter aucun gage desrobé audit Mont, de quelque petite valeur ce soit, et ce à peine de la vie, et sans espérance de grâce ou rémission, et en cas que nous en octroyerions, nous déclarons lesdits pardons et grâces sub et obreptifz et mandons à tous juges qu'il appartiendra de n'y déférer.

XVI

« Davantage, pour éviter les difficultez qui pourroient

naistre entre les propriétaires des gages et officiers dudit
Mont, nous accordons que les serviteurs et officiers d'iceluy
seront creus à leur serment de ce qu'ils auront presté sur
gages, au contenu du billet qui sera prins sur le registre.

XVII

« L'administrateur et officiers dudit Mont pourront libre-
ment, pour le recouvrement des sommes principales prestées
sur les gages, et pour le plus grand proffit des propriétaires,
enchérir et acheter à la vente publique des gages surannez,
comme tous autres particuliers, et les revendre sans que les
maistres des mestiers y puissent prétendre aucune chose au
contraire, non plus que les fermiers des imposts.

XVIII

« Un gage consistant en diverses pièces, engagé au Mont
pour dix écus au moins, le propriétaire d'iceluy pourra, le
mesme jour, quand il voudra, diminuer le capital d'un, deux,
trois ou quatre escus à la fois, comme aussi il pourra, en
payant pour la ratte de son capital et intérest, retirer à son
choix une pièce de son dit gage ou la totalité d'iceluy, quand
bon luy semblera.

XIX

« Que si le propriétaire n'avoit argent à la main pour retirer
la pièce que la nécessité lui fait retirer en tel cas, en subro-
geant quelque autre gage de mesme valeur en son lieu, le
pourra retirer à toute heure en payant l'intérest à la ratte du
temps.

XX

« Davantage, si quelqu'un avoit laissé un gage de cent escus
pour dix, pourra, pour son soulagement, demander deniers à
plusieurs fois, jusques à la valeur des deux tiers, pour habitz,
linge et autres meubles périssables et corruptibles, et de trois
quarts pour pierreries et joyaux, vaisselle d'argent et autres
métaux.

XXI

« Pour ce qui concerne le prest de deniers qu'on fera audit Mont, eu esgard aux grandes dépenses qui accompagnent ordinairement le commencement de chaque chose, comme est ceste œuvre pieuse, à laquelle sont requis, pour son érection, grande quantité de deniers, officiers, serviteurs, outre la maison et autres choses nécessaires, lesquels empeschent qu'on ne peut maintenant asseoir le prest à si petit intérest qu'on voudroit bien, à ceste cause, pour subvenir auxdits frais, les deniers dudit Mont se presteront comme dessus à l'intérest de quinze pour cent la première année.

XXII

« A la fin de laquelle ou un peu après, les intérests se rabaisseront à mesure des commoditez et facultez dudit Mont et se continuera le rabais à mesme proportion de temps à autre, pour le réduire au cours de sept pour cent, et au dessoub, pour le grand bien du public, ainsy qu'il sera ordonné par lesdits protecteurs et conseillers.

XXIII

« Et afin qu'aucuns abus ne se commettent en l'administration de tels deniers, nous avons nommé et nommons pour protecteur dudit Mont nostre très cher oncle naturel, le sieur Abbé de Gorze, duquel nous avons fait le choix et l'élection pour l'affection particulière qu'il témoigne au bien du public, et lequel aussi a volontiers accepté ladite charge ensuite du soing qu'il a contribué pour traiter et résoudre le présent établissement dudit Mont, ayans au surplus remis de commettre pour les charges de conseillers et autres officiers nécessaires à la conduite dudit Mont telles personnes que jugerons plus capables à cest effet, lesquels auront la direction d'iceluy et pouvoir d'obliger les capitaux, maisons, gages et toutes autres choses dépendantes d'iceux, sans que pourtant soit en leur puissance de pouvoir dissiper soub quel titre ou prétexte que ce soit ny ailleurs appliquer les deniers qu'audit Mont ou à son utilité et maintien perpétuel.

XXIV

« Et afin que ce bon œuvre soit perdurable au grand soulagement des pauvres et du public par la vigilance de l'administrateur et officiers dudit Mont, nous les avons exempté de guet, garde, soldats, cotisations, contributions et de toutes autres impositions telles qu'elles soient, et si avons promis en foy et parolle de prince, pour nous et nos successeurs ducz, de maintenir, protéger et conserver perpétuellement les droitz, franchises, immunités et provisions données pour le regard dudit Mont, et de n'user d'aucune authorité absolue sur les deniers d'iceluy. Soub lesquelles conditions, ledit administrateur a promis de faire le fond nécessaire de ses deniers et de ceux qu'il aura d'ailleurs par prest ou à rente, et ce à raison de sept pour cent et ses gages et appointemens, tant pour luy que pour les autres officiers et serviteurs et frais de la conduite et direction dudit Mont, selon qu'il a esté accordé et convenu entre nous et luy. Le surplus du profit qui se pourra faire audit Mont, pour pouvoir annuellement diminuer l'intérest, au plus grand bien et soulagement du public.

« Et pour assurance des choses promises cy-dessus par ledit administrateur, tant pour sa gestion et administration, prest des deniers et achapts de rentes, iceluy en a obligé et affecté spécialement tout le fond qu'il fera et apportera audit Mont et généralement tous ses autres biens présens et à venir, et prestera serment à son entrée de bien et fidellement se comporter en ladite administration et d'en rendre bon et fidel compte...

« Données en nostre ville de Lunéville, le troisième septembre mille six cent trente (1). »

Nous avons pensé qu'il était intéressant de

(1) Archives de Nancy. Inventaire des Ordonnances, B. 459. — Ord. 3, p. 85. n° 150 : Layette.

reproduire en entier cette ordonnance. Elle montre en effet à quel degré de perfection Charles IV était arrivé dans la conception de l'œuvre qu'il avait entreprise. On retrouve en effet dans les différents articles qu'elle comporte, la même réglementation que celle qui préside au fonctionnement du Mont-de-Piété actuel. L'idée de constituer une dotation au Mont en autorisant les prêts d'argent à petit intérêt avait été déjà aperçue par Charles III dans ses lettres patentes du 21 juillet 1597, mais une idée absolument neuve et qui devait apporter dans les caisses du Mont des sommes importantes, était celle qui consistait à autoriser l'établissement à recevoir des capitaux placés en viager. A noter aussi qu'une des principales préoccupations de Charles IV fut d'essayer d'empêcher que le Mont-de-Piété qu'il voulait fonder, ne fut un endroit facile pour permettre aux voleurs de venir cacher le produit de leurs larcins. La peine qu'encouraient ceux qui tentaient d'engager sciemment des objets volés était la peine de mort. Enfin, ce fut cette ordonnance qui, la première, mit en avant la possibilité de capitaliser les bénéfices de façon à pouvoir abaisser de quinze à sept pour cent les intérêts exigés des emprunteurs.

Après que Charles Mus eût été chargé de l'érection du Mont-de-Piété, il devenait nécessaire de procéder à la nomination des protecteurs et conseillers, c'est ce que fit Charles IV par ordonnance du 3 février 1631 :

« Comme par nos patentes de l'érection d'un Mont-de-Piété
en ceste nostre ville de Nancy, nous ayons remis de commettre et establir aucuns conseillers et autres officiers nécessaires
pour la direction d'iceluy, afin que, par la charge et cognoissance qu'aucunes personnes notables pourront avoir de la
conduite et administration dudit Mont, le public soit plus
assuré dans les intérests particuliers que plusieurs y peuvent
contracter pour subvenir à leur besoing, et mesme, pour
prendre soing du profit qui en doit demeurer au public à l'ex-
clusion de l'administrateur dudit Mont, selon qu'il est plus à
plain déclaré par nos patentes de ladite érection, scavoir faisons que nous, confians des sens, integrité et zèle recognu
pour le bien du public ez personnes de noz très-chers et féaux
conseillers d'Estat, Claude Bourgeois, maistre des requêtes
ordinaire en nostre hostel, et Nicolas Arnould, et nos conseillers et auditeurs en nostre Chambre des Comptes de Lorraine,
Claude de Port-Guichard et François-René Dubois.

« Nous, pour ces causes, avons nommé et commis, nommons et commettons par cestes lesdits Bourgeois, Arnould,
du Port-Guichard et Dubois pour, à l'assistance de nostre
très-cher oncle naturel le sieur Abbé de Gorze, que nous
avons choisy pour protecteur dudit Mont au contenu desdites
patentes, avoir l'entière direction et conduite d'iceluy, pour-
voir aux asseurances possibles, pour l'augmentation du fond
qui y doit estre continué, comme aussi de ceux qui pourront
avoir recours audit Mont pour leur besoing et nécessitez ;
avoir l'œil sur l'intendant et administrateur à ce que le tout
réussisse au soulagement du public ; entendre les comptes
par chacun an, afin de pouvoir diminuer l'intérest au plustost
que faire se pourra, et cognoistre et juger en dernier ressort,
et comme en nostre conseil, de toutes difficultés concernantes
ledit Mont, officiers d'iceluy, gens et domestiques de l'administrateur, présens et à venir, selon qu'ils verront à faire par
raison. Et d'autant qu'il sera nécessaire d'avoir un greffier
pour les affaires de justice ou autres qui peuvent survenir audit Mont, nous avons aussi commis et commettons nostre cher

et bien aymé François Lambert tabellion, procureur au siège de nostre baillage de Nancy ; tous lesquels sieurs protecteur, conseiller et greffier presteront serment en nos mains de bien et deûment exercer lesdites charges, et l'intendant et administrateurs, comme aussi autres officiers dudit Mont, ès mains desdits sieurs protecteur et conseillers. De faire ce que dessus avons donné à nosdits conseillers et autres sus-dénommés tout pouvoir, commission et mandement spécial par cestes, voulans à eux en ce faisant estre entendu et obéy par tous qu'il appartiendra. Mandons en outre à nos très chers et féaux les sieurs chefs et gens de nostre conseil, bailly de Nancy, maistre eschevin et eschevins de la justice dudit Nancy, procureur général de Lorraine, ses substituts, et à tous autres nos officiers et justiciers qu'il appartiendra, de se conformer chacun à son esgard en ce qui peut dépendre d'eux pour l'observation et exécution des présentes, sans y donner ny souffrir qu'il y soit donné aucun empeschement au contraire, ains prester toute faveur possible pour le but et manutention de l'establissement dudit Mont ; car ainsy nous plaist. En foy de quoy, etc.... Données en nostre ville de Nancy, le troisième jour de febvrier mil six cent trente un. Ainsi signé.

CHARLES.

Combien de temps a duré ce Mont ? La question est assez difficile à résoudre. L'abbé Lionnois, dans son Histoire de Nancy, prétend que cet établissement ne dura que 16 ans ; voici, en effet, le passage de l'œuvre de l'historien lorrain ayant trait au Mont fondé par Charles IV : « C'est dans « ce second carré, dit-il (maisons comprises entre les rues Saint-Nicolas, de la Fayencerie, de la Hache et Saint-Dizier), que fut établi le Mont-« de-Piété, en 1680, par lettres patentes du duc « Charles IV ; le dessein de ce prince à ce sujet

6

« était de faciliter le prêt de l'argent à ses sujets,
« en donnant quelque nantissement à prix rai-
« sonnable, à l'initiation des Monts-de-Piété
« établis à Rome. Charles Mus fut chargé de
« l'exécution de cet établissement, mais les
« guerres et les malheurs qui survinrent en Lor-
« raine en empêchèront le succès. De l'avis des
« théologiens et casuistes de ce pays, on y toléra
« au commencement l'intérêt de 15 pour 100, à
« cause des grands frais que l'on disait devoir
« faire pour cet établissement, dans l'espérance
« que cet intérêt diminuerait d'année à autre, à
« mesure que les facultés s'augmenteraient.

« Charles Mus étant mort en 1647, sa veuve,
« Hélène de Graffls, fit banqueroute et se retira
« en Flandre ; ses créanciers voulurent rétablir
« le Mont-de-Piété, mais on y forma opposition,
« de sorte qu'il n'en reste aujourd'hui que la mai-
« son qui en porte encore le nom et l'enseigne ;
« elle appartientà M. Henrion-Berthier, marchand-
« magasinier (1) (2) ».

L'avis de l'abbé Lionnois sur la durée du Mont
de 1630 nous semble inexact. Il faut tenir compte
d'ailleurs dans les renseignements qu'il nous
donne de ce qu'il voyait d'un mauvais œil, ainsi
d'ailleurs que les théologiens dont il parle, cet
établissement qui prêtait à 15 %, et il semble
s'étonner de ce que Charles IV « eut toléré un
semblable état de chose. » En ne recherchant que

(1) Actuellement la maison Vosgien et Ippensen.
(2) Lionnois, t. III, p. 144.

la vérité historique, il nous est permis de dire
que le Mont-de-Piété de 1638 eut une durée beaucoup plus longue que celle qui lui est assignée
par l'abbé Lionnois.

Remarquons d'abord qu'une ordonnance de
Charles IV, du 24 janvier 1633, autorisait l'administrateur du Mont-de-Piété à constituer une
dotation plus élevée à l'établissement en permet-
tant aux particuliers « de prester leurs deniers
« à raison de huict et un tiers pour cent par an-
« née entière, avec deffense et inhibition à toutes
« personnes de prester ailleurs ou à aultres
« qu'audit Mont-de-Piété, à plus hault pris que
« de sept pour cent, aux peines et amandes con-
« vivées par nos ordonnances susdictes » (1).

Il y a dans cette ordonnance la preuve que deux
années après sa fondation, le Mont-de-Piété de
1630 fonctionnait parfaitement, puisque la nécessité s'était présentée d'augmenter la dotation, et
pour ce faire, de permettre à l'administrateur
d'emprunter au taux de 8 1/3 %, alors que le taux
légal et autorisé pour les prêteurs ordinaires
n'était que de 7 %.

On trouve en outre, au Trésor des Chartes
(layette Ordonnance III, n° 150), une affiche « pour
advertir de la vente des meubles engagés au
Mont-de-Piété », qui est libellée dans les termes
mêmes de celles apposées actuellement, elle est
ainsi conçue :

(1) Registre des lettres patentes de 1629 à 1634.

« Affiche — Ceux qui ont des gages surannez
« au Mont-de-Piété viendront payer la rente et
« prendront nouveaux billets ; à faute de quoy
« leurs gages seront vendus, et n'ayants commo-
« dité de payer ladite rente, on leur rendra le
« surplus. Et se fera la vente desdits meubles au
« devant du logis du Mont-de-Piété, le dixième
« jour du présent mois d'août 1633, sans qu'il y
« ait aucun temps de réachapt pour ceux sur les-
« quels ils auront été vendus. Et ne se fera la ven-
« dition, ni distribution. qu'argent contant et à la
« main.

« La vente commencera à neuf heures du
« matin.

L'abbé Lionnois prétend que Charles Mus serait
mort en 1647, et que sa veuve Hélène de Graffis
(lisez Grassis), qui avait pris sa succession
aurait fait banqueroute : d'après les archives de
Nancy, le décès de Charles Mus aurait eu lieu le
27 décembre 1638 et sa succession prise par sa
veuve jusqu'en 1647, et par son fils Basile Mus à
partir de 1647. Notre opinion, si elle est exacte,
nous permet d'affirmer que le Mont-de-Piété n'a
pas disparu en 1638 avec son fondateur, puisque
nous trouvons aux archives de Nancy (t. II, p.
239), qu'en 1641 des dépenses furent affectées
aux vacations de plusieurs conseillers : « de la
« part de S. A. (Charles IV) à faire l'inventaire et
« transport des meubles engagés au Mont-de-
« Piété de Nancy, appartenant tant à elle qu'à
« S. A. le duc François II ».

De plus, le 2 août 1663, un décret du duc Charles IV défendit à Basile Mus (fils de Charles) ou autres « de s'immiscer davantage à l'admi- « nistration du Mont-de-Piété » et ordonna « aux « conseillers de ville de commettre deux de leurs « corps pour, à l'assistance du substitut du pro- « cureur général, se saisir des deniers et effets « dudit Mont, inventaire préalablement fait et « d'en prendre le gouvernement ». Il est assez probable que l'administration du Mont-de-Piété par Basile Mus ne fut pas honnête et qu'en 1664 ont dut procéder à sa liquidation. Un décret rendu le 9 janvier 1664, sur requête des consei- lers de la ville, ordonne que « tout ce qui a été « touché par les receveurs et administrateurs du « Mont-de-Piété, depuis l'an 1647, pour rentes et « intérêts au pardessus de 3 1/2 %, sera par eux « restitué et rapporté, et que des effets dudit « Mont, les créanciers d'iceluy seront payés des « sommes capitales et intérêts à eux, dus depuis « ladite année 1647.

Cette date du 9 janvier 1664 marque donc la fin du Mont-de-Piété, fondé par Charles IV, le 3 septembre 1630.

Ajoutons, pour terminer, ce qui à trait à ce Mont et à ses administrateurs, que Basile Mus exerça, à côté de ses fonctions, la profession de brasseur, puisque le 16 mars 1656, ordre est donné à Basile Mus et à ses associés « entrepre- neurs de la faciende de la bière, tanct à Nancy

que dans la banlioue », de déclarer ce qu'ils en
ont fabriqué depuis le 1ᵉʳ janvier (1).

Ce fut le dernier Mont-de-Piété jusqu'à celui
institué par arrêté du préfet de la Meurthe, en
date du 10 octobre 1809, relatif à l'exécution de la
loi du 16 Pluviôse an XII.

_____

(1) Archives de Nancy BB 7 Registres.

CHAPITRE II

DE LA RÉVOLUTION A NOS JOURS

Pendant la révolution, deux maisons de prêts sur gages furent ouvertes. L'une, dirigée par un sieur Masson, sous le nom de Mont-de-Piété, était située rue de la Constitution (Saint-Dizier), n° 149.

L'autre, installée rue Helvetius, fut fondée le 29 Ventôse an VI, et s'appela : *Maison de confiance et de vente publique.* Elle avait cessé ses opérations le 15 Messidor an VII, mais Nicolas Temporelle, Etienne Chanony et François Pellerin la rétablirent exactement trois ans après.

Ces deux maisons ne présentant que peu de danger, au point de vue des intérêts perçus, elles fonctionnaient ouvertement, sous le contrôle de l'opinion, et il est fort probable qu'elles n'auraient jamais provoqué une réglementation sévère, si à côté d'elles n'eussent végété dans l'ombre, une masse de bureaux clandestins, véritables cavernes de voleurs où l'on prêtait à 120 et même 135 %.

Le 16 Pluviôse an XII, paraissait une loi aux termes de laquelle :

« 1° : Aucune maison de prêt ne pourra être « établie qu'au profit des pauvres et avec l'auto-« risation du gouvernement ;

« 2° : Tous les établissements de ce genre « actuellement existant qui, dans 6 mois à comp-« ter de la promulgation de la présente loi, n'au-« ront pas été autorisés comme il est dit en l'article « I, seront tenus de cesser de faire des prêts sur « nantissement, et d'opérer leur liquidation dans « l'année qui suivra ;

« 3° : Les contrevenants seront poursuivis devant « le tribunal de police correctionnelle, et con-« damnés, au profit des pauvres, à une amende « payable par corps, qui ne pourra être au-« dessous de 50) francs, ni au-dessus de 3.000 « fr., la peine pourra être doublée en cas de « récidive ;

« 4° : Le tribunal prononcera en outre, dans « tous les cas, la confiscation des effets donnés « en nantissement.

« Soit, etc... »

A la suite de cette loi, le préfet de la Meurthe prit, le 22 Messidor an XIII (11 juillet 1805), un arrêté convoquant extraordinairement le Conseil municipal de Nancy, pour la date du 24 du même mois, à l'effet de donner son avis sur un projet de règlement organique d'un Mont-de-Piété adopté le 16 Floréal de la même année par le pré-fet. Parmi les pièces communiquées par la pré-

lecture à la mairie de Nancy pour éclairer la
délibération du Conseil municipal, figure une
délibération déjà prise sur ce sujet par la Commission des hospices, en date du 12 du même
mois.

Le Conseil se réunit le 24 du mois et approuva
le projet de règlement du 16 Floréal, qui reposait
sur les bases établies par l'instruction du 10
Fructidor an XIII.

Ce projet de règlement n'aboutit pas immédiatement et le 23 mars 1809, le préfet prit un arrêté
ainsi motivé : « Le préfet du département de la
« Meurthe s'étant fait représenter le projet d'or-
« ganisation d'un Mont-de-Piété dans la ville de
« Nancy et au profit de ses établissements de
« charité, projet soumis en Floréal an XIII, par
« son prédécesseur, à S. Exc. le Ministre de l'in-
« térieur, conformément aux dispositions de la
« loi du 16 Pluviose XII.

« Etant donné le non-organisation du Mont-
« de-Piété, l'administration s'est vue obligée de
« ne pas supprimer les deux maisons de prêts
« pour ne pas exposer la classe nombreuse des
« emprunteurs sur gages à devenir victime de
« l'avidité ou de la mauvaise foi des prêteurs.
« dont les manœuvres clandestines échappent
« facilement à la surveillance, et qui souvent
« même sont disposés à devenir les receleurs et
« complices des vols.

« L'administration ne pouvant prévoir l'instant
« où les instructions nécessaires à l'établissement

« du Mont-de-Piété de Nancy lui parviendront,
« se voit dans l'obligation de surveiller les deux
« maisons de prêts et d'assujettir les entrepre-
« neurs à des mesures propres à procurer plus
« de garanties aux emprunteurs et à l'adminis-
« tration ; que cela ne peut se faire que lorsqu'on
« connaîtra les règlements exacts et très détaillés
« sur les opérations de ces maisons :

Suit l'arrêté :

« Le maire de Nancy, ou un adjoint, ou le
« commissaire de police accompagné d'un mem-
« bre de la Commission des hospices nommé
« commissaire spécial à cet effet, procèderont à
« la visite des maisons de prêt de Nancy.

« Ils vérifieront pour chacune de ces maisons :

« 1° : Le taux actuel de l'intérêt du prêt sur
nantissement ;

« 2° : Les détails et le montant des frais accessoires perçus sur les emprunteurs indépendamment de l'intérêt ;

« 3° : Les règles observées :

I. Pour recevoir les objets offerts en dépôt
et s'assurer qu'ils ne proviennent pas
d'un vol et n'appartiennent ni à des mi-
neurs, ni à des militaires.

II. Pour garantir aux emprunteurs la re-
présentation ou la remise, le cas échéant,
de leur gage.

« 4° : Le nombre, la forme et le mode de tenue

des registres, tant de caisse, que de sortie des
effets ;

« 5° : Le terme laissé aux emprunteurs pour
retirer ou faire renouveler le dépôt ;

« 6° : Les conditions dans lesquelles le prêt se
renouvelle ;

« 7° : Quelles formalités précèdent ou accompagnent la vente des effets non retirés, et quels sont
les droits qui en résultent à la charge des emprunteurs ?

« 8° : Comment est tenue la comptabilité des
bonis produits par les ventes, comment ces bonis
sont-ils remis aux emprunteurs ; cette remise
donne-t-elle droit à quelques droits particuliers;
est-il un terme quelconque à l'expiration duquel
les entrepreneurs se croyaient dégagés de l'obligation de restituer les bonis ?

« 9° : Comment et par qui se font les estimations
des objets déposés, et combien l'emprunteur
reçoit-il ?

« 10° : Quelles précautions sont prises et quelles
formalités observées pour garantir l'existence et
constater le nombre et l'authenticité des divers
registres ;

« 11° : S'il y a un moyen de publicité pour faire
connaître aux emprunteurs leur situation ;

« 12° : Quel a été en 1808 le montant du mouvement des fonds prêtés sur nantissement, le
montant des intérêts accessoires qui en sont
résultés pour, après avoir fait la balance avec les

dépenses de l'établissement la même année, connaître le montant des bénéfices nets.

« Les commissaires ajouteront à leur rapport
« leurs observations personnelles.

« Le maire transmettra ce rapport au préfet,
« qui s'expliquera sur la moralité des deux entre-
« preneurs.

« Le maire fera aussi connaître, aussi exacte-
« ment que possible, à combien peut s'élever
« aujourd'hui le nombre des individus qui sont
« présumés prêter clandestinement, autres que
« les entrepreneurs des deux maisons précitées,
« à quel taux ils prêtent, quelles mesures de
« surveillance, la mairie et la police exercent à
« leur égard.

L'arrêté pris par le préfet avait pour but d'arriver à connaître exactement le fonctionnement des deux principales maisons de prêt, de façon à pouvoir instituer au profit d'une d'elle un monopole, qui permit de supprimer radicalement tous les prêteurs clandestins.

Ce monopole fut établi par arrêté préfectoral du 10 octobre 1809.

Le 22 juillet de la même année, le Conseiller d'Etat chargé du 2me arrondissement de la police générale de l'empire, avait adressé au préfet une lettre, insistant sur la nécessité de réprimer les abus qui résultaient de la multiplicité des bureaux de prêt, dans le département, et dont la plupart étaient devenus des entreprises d'usure ruineuses pour les emprunteurs.

Comme aucune mesure radicale n'avait encore
été prise dans le département de la Meurthe,
depuis la loi du 16 Pluviôse an XII, pour la raison
que ces mesures étaient subordonnées aux résultats des démarches faites par l'administration
pour obtenir du gouvernement l'autorisation
d'établir un Mont-de-Piété, conformément à l'article 1er de la loi de Pluviôse, et qu'il était impossible de prévoir à cette époque le moment où le
gouvernement jugerait convenable d'envoyer des
instructions, le préfet jugea urgent de mettre fin
aux abus scandaleux qui accompagnaient le prêt
sur nantissement, et parmi lesquels, outre les
prêts usuraires, il faut citer la grande quantité
d'objets dissimulés chez les prêteurs.

Pour y parvenir, il décida de désigner à Nancy
une maison unique de liquidation, soumise à des
règlements spéciaux et à une surveillance rigou-
reuse, en assurant aux pauvres une part des
bénéfices présumés, que fera la maison de liquidation.

Dans ce but, il prit un arrêté, à la date du 10
octobre 1800, aux termes duquel :

Tous les entrepreneurs public ou particuliers
de prêt sur nantissement, à l'exception de ceux
qui seront désignés, cesseront leurs opérations.
La liquidation de ces bureaux sera assurée par
une maison unique et centrale. Le maire ou son
délégué se présentera chez les prêteurs et se fera
montrer les différents registres, qu'il arrêtera ; il
sera, en outre, notifié à ces prêteurs d'effectuer,

dans le délai d'un mois, à la maison de liquidation, le dépôt des nantissements à eux confiés contre remboursement, par cette maison, de la somme principale prêtée et des intérêts qui seront justifiés être dus. Ces intérêts ne pourront courir au profit de l'entrepreneur de la maison de liquidation, à un taux supérieur à 15 % par an. Tout individu qui continuerait à prêter sur gages après la publication de l'arrêté, et qui après 30 jours écoulés détiendrait encore des effets remis en nantissement, ou des sommes provenant de bonis, serait poursuivi conformément à l'article 3 de la loi du 16 Pluviôse an XII, quand bien même notification ne lui aurait pas été faite, puisque la police ne les connaissait pas tous, au moment de la publication de l'arrêté.

L'article 10 portait :

« Attendu que le prêt sur gages est consacré à
« Nancy par une longue habitude, et qu'en entre-
« prenant de le proscrire d'une manière absolue
« sur le champ et à l'entrée d'une saison rigou-
« reuse, il pourrait en résulter des inconvénients
« graves, notamment en ce que l'on essayerait
« probablement encore de recourir clandestine-
« ment à des prêteurs qui exigeraient des intérêts
« plus forts que précédemment, en se prévalant
« près des emprunteurs, des risques auxquels ils
« s'exposeraient pour enfreindre la défense, la
« maison de liquidation pourra provisoirement et
« exclusivement, jusqu'à ce qu'il ait plu au gou-
« vernement de déterminer, pour cette ville, le

« mode d'exécution de l'article 1er de la loi du 16
« Pluviôse an XII, continuer le prêt sur nantisse-
« ment, à la charge expresse de ne pas percevoir
« l'intérêt à un taux supérieur à 15 % par an et,
« en outre, en se conformant aux dispositions
« qui sont déterminées par les articles suivants :

La maison ne devra prêter qu'à des personnes
connues et domiciliées, ou assistées de témoins
connus et domiciliés.

Chaque prêt sera effectué, si les objets donnés
en nantissement consistent en vaisselle ou bijoux
d'or ou d'argent, à raison des 4/5 de leur valeur
au poids, et sur tous autres effets à raison des
2/3 de leur valeur, d'après l'estimation faite par
l'entrepreneur et agréée par l'emprunteur.

L'entrepreneur devra remettre à l'emprunteur
une reconnaissance portant le détail des objets
laissés en nantissement, leur évaluation, la
somme à laquelle le prêt aura été fixé, et la somme
délivrée ensuite du prélèvement de l'intérêt du
mois et des frais accessoires.

Cette reconnaissance étant au porteur, celui-ci
pourra retirer le gage en payant le montant du
prêt et les intérêts au delà du premier mois.

Le détail qui figurera sur la reconnaissance,
figurera aussi sur un registre tenu par l'entrepreneur, et pour le cas où le montant du prêt ne serait
pas porté à ce registre, la maison pourrait être
fermée, sans préjudice des poursuites correction-
nelles.

L'entrepreneur tiendra, outre le registre des

prêts, un livre de caisse, un livre du compte
courant ouvert à chaque emprunteur, un livre
de ventes, tous trois cotés et paraphés par le
maire.

Il sera payé pour chaque emprunteur, au
moyen d'une retenue sur la somme prêtée, outre
l'intérêt du premier mois, et pour indemnité du
papier timbré, d'enregistrement, de frais d'im-
pression, de garde et dépôt, quelque soit le nombre des objets qui formeront un seul nantissement
et ne donneront lieu qu'à la délivrance d'une seule
reconnaissance :

Pour tout prêt :
qui n'excèdera pas 20 fr., un droit de 0 fr. 10
au-dessus de 20 fr. jusqu'à 40 fr. inclus 0 fr. 15

—	40 fr.	—	50 fr.	—	0 fr. 20
—	50 fr.	—	60 fr.	—	0 fr. 25
—	60 fr.	—	70 fr.	—	0 fr. 30
—	70 fr.	—	80 fr.	—	0 fr. 35
—	80 fr.	—	90 fr.	—	0 fr. 40
—	90 fr.	—	100 fr.	—	0 fr. 45
—	100 fr.				0 fr. 50

Les effets mis en nantissement seront retirés
au plus tard dans les six mois du prêt ; s'ils ne
peuvent l'être, l'emprunteur payera les intérêts et
une nouvelle reconnaissance lui sera remise
comme s'il engageait ses effets pour la première
fois.

Les effets non retirés, ni renouvelés dans le
délai de 6 mois, seront vendus dans le courant du

mois suivant au plus offrant ou dernier enchérisseur.

L'huissier chargé de la vente sera choisi par le
préfet sur présentation du maire, il ne pourra
être désigné pour deux ventes successives.

Les frais de vente seront à la charge de l'entrepreneur qui pour indemnité, prélèvera à son profit
0 fr. 05 par franc du prix de vente : l'excédent du
prix de vente sur la somme prêtée sera remis au
porteur de la reconnaissance.

Les pauvres obtiendront de la maison ainsi
organisée un intérêt fixé à 100 fr. affecté spécialement aux secours à domicile, et versé le dernier
jour de chaque mois à la caisse des établissements
charitables et de bienfaisance.

Les emprunteurs sur nantissements qui, du
jour de la publication de l'arrêté, emprunteraient
autre part qu'à cette maison substituée provisoirement au Mont-de-Piété, verraient leurs effets
confisqués.

L'établissement sera sous la surveillance immédiate de la mairie, de la police locale et du préfet.

Le maire visitera cet établissement une fois par
mois et adressera un rapport au préfet.

L'entrepreneur devra fournir, en outre, un
cautionnement immobilier de 12.000 fr. au moins
en justifiant que l'immeuble ou les immeubles
sont libres de toute hypothèque ou n'en sont
grevés que de façon à représenter encore 12.000 fr.
de libres.

Comme il fallait que cette maison fut instituée

7

de suite et que l'entreprise dut être accordée de préférence au propriétaire d'un bâtiment déjà affecté à cet effet, M. Masson entrepreneur d'un bureau public de prêt fut nommé entrepreneur de la maison créée par l'arrêté, à condition qu'il réduise au taux fixé à 15 %, par cet arrêté, les intérêts encore à courir pour les prêts par lui faits antérieurement.

A la suite de l'arrêté affiché le 24 octobre 1809, le maire de Nancy délégua, comme commissaire, M. Maudel, premier adjoint, pour se transporter le 1er novembre chez les différents prêteurs, à l'effet de se faire représenter les registres d'engagement, les arrêter, et dresser procès-verbal de ses opérations.

En exécution de cet arrêté, Schneider, commissaire de police de la ville de Nancy, notifia le 31 octobre, aux sieurs Pèlerin et Temporel, demeurant rue Helvétius et connus pour prêter sur nantissements, et tenir une maison dite de confiance, par le ministère du sieur Fisson, agent de police assermenté, l'arrêté du préfet du 10 octobre, concernant les maisons de prêts sur nantissements et notamment les articles 3 et 4 dudit arrêté ; il arrêta leurs registres et leur notifia la défense de continuer, dès ce jour, à prêter sur nantissements.

Le procès-verbal qui fut dressé, à la suite de cette notification par le commissaire de police fut déclaré nul par le maire de Nancy, comme ne répondant pas au vœu de l'article 2 de l'arrêté municipal du 24 octobre, en ce que :

1° : Les commissaires de police ou leurs agents, n'étant pas délégués pour les opérations rappelées audit article 2, n'avaient pas caractère pour les constater (1).

2° : Que d'après les dispositions des articles 3 et 4 de l'arrêté de M. le préfet du 10 octobre, les mesures prescrites ne se bornaient pas à la maison de prêt des sieurs Pèlerin et Temporel, mais s'étendaient à tous les prêteurs sur nantissements, au nombre desquels était compris le sieur Masson pour le temps qui a précédé le 1er novembre.

Le maire délégua comme commissaire, en remplacement de M. Maudel, M. Payot, adjoint.

Ce dernier fit un relevé des maisons de prêt sur gages, qu'il transmit le 11 novembre au préfet. Sur cet état figuraient 27 prêteurs sur gages, parmi lesquels on trouve un invalide et le concierge de la Porte Saint-Georges. Une autre liste comprenant 45 individus prêtant à gros intérêts, fut également dressée. Sur cette dernière figurent un sieur Grandjean, gardien des Dames Pécheresses, qui prêtait à 30 fr. par louis et par mois, un sieur Louis Valentin, ancien chanoine régulier demeurant Faubourg de la Constitution, l'abbé Bertrand, associé à une dame Jacquot dite la Juive, qui prêtaient à 15 et 20 fr. par louis. Toutes ces maisons furent fermées.

Le 20 janvier 1810 le préfet arrêta qu'à partir

---

(1) M. Maudel, 1er adjoint, avait été désigné à cet effet.

de ce mois la somme de 100 fr. par mois, payable
au profit des pauvres par le directeur de la maison
de liquidation, établie par arrêté du 10 octobre
1809, serait, par ce directeur, versée pour moitié
dans la caisse de l'administration des hospices et
secours, et pour l'autre moitié dans celle du
Bureau de bienfaisance de la ville, la totalité
restant toujours exclusivement affectée aux
secours à domicile. Cet arrêté fut notifié à MM.
Fournier, pour le Bureau de bienfaisance, Masson
pour la Maison de liquidation, et Merville, secrétaire de la Commission des hospices.

Le 25 juin de la même année, le Préfet com-
pléta son arrêté du 10 octobre 1809, en obligeant
la Maison de Liquidation à tenir un nouveau
registre pour recevoir les déclarations signées
des emprunteurs sur nantissements qui auraient
perdu leurs reconnaissances : cette déclaration
devant servir d'opposition à la remise du gage à
toute autre personne qu'au signataire.

Dans le cas où cette déclaration aurait été faite,
l'entrepreneur ne pourrait remettre les effets déposés au porteur de la reconnaissance avant l'expiration du délai de 6 mois, à dater du jour du
dépôt, à moins que ce ne fut le déposant lui-
même qui eut retrouvé sa reconnaissance. Il peut,
en outre, intervenir un débat judiciaire entre
l'opposant et le porteur de la reconnaissance ; si
ce débat n'est pas tranché avant l'expiration du
délai de 6 mois, les effets sont quand même ven-

dus et celui qui bénéficie du jugement n'a droit qu'au boni, sauf renouvellement.

Cette addition du 25 juin 1810 à l'arrêté du 10 octobre 1809, décidait encore que les reconnaissances au porteur porteraient désormais les mentions suivantes :

« Les effets déposés en nantissement seront
« vendus à l'expiration du terme de 6 mois, si
« avant ce terme le retrait n'est pas effectué ou
« le dépôt renouvelé.

« La présente reconnaissance étant au porteur,
« on est invité à avoir grand soin de ne pas l'éga-
« rer ; néanmoins, dans ce dernier cas, on devrait
« s'adresser sans retard à l'entrepreneur de la
« maison de prêt qui fera connaître (s'il en est
« encore temps), les précautions à prendre pour
« prévenir l'abus qui pourrait être fait de ladite
« reconnaissance par quiconque l'aurait trouvée
« ou soustraite. »

Enfin, le 17 juillet 1810, le maire de Nancy édictait à nouveau des mesures contre les prêteurs sur nantissement qui n'avaient pas obtempérés à l'arrêté du 10 octobre 1809, et obligeait l'entrepreneur de la Maison de Liquidation à faire des prêts au-dessous de 3 fr., sans qu'on puisse pourtant exiger qu'il en fasse d'inférieurs à 1 fr.

La Maison de Liquidation ainsi organisée comme régime transitoire, avait été dotée, par l'arrêté du 10 octobre 1809, d'une organisation aussi complète que pouvait l'être celle d'un Mont-de-Piété. Pourtant, les charges imposées à l'entre-

preneur lui semblèrent tellement lourdes, que le
4 mars 1814, le sieur Masson présenta une pétition
tendant à obtenir décharge de la moitié de l'indemnité de 100 fr. par mois qu'il était tenu de
verser dans la caisse des établissements de charité pour être affectée aux secours à domicile.
Après avis du Lieutenant-Général de police, cette
demande fut rejetée.

Le sieur Masson céda alors sa maison aux
sieurs Jean-Baptiste Vaudré et Malus fils. Cette
cession fut autorisée par le comte de Kersant,
préfet de la Meurthe, le 1er décembre 1815, sous
les mêmes conditions de cautionnement immobilier.

La dame Malus succéda à Malus fils et main-
levée du cautionnement de Masson fut donnée le
19 décembre 1816, et remplacé par le cautionnement immobilier de 12,000 fr. grevant la maison
du Mont-de-Piété achetée par Vaudré à Masson
et située rue Saint-Dizier, entre les propriétés
Masson et Picard d'une part, et celle de M. Olry
et la rue de Grève d'autre part.

En 1818, le sieur Vaudré ayant proposé de
verser un intérêt annuel de 3,600 fr. aux pauvres,
pendant 5 ans, et de 4,000 fr. les années suivantes, sous condition qu'il resterait seul à gérer
l'établissement, le préfet sur avis favorable de la
Commission des hospices et du Bureau de bienfaisance réunis le 4 décembre, arrêta que le sieur
Vaudré resterait seul gérant de la maison de
prêt et qu'il verserait la somme proposée par 1/12

de mois en mois, moitié dans la caisse des hospices, et moitié dans la caisse du Bureau de
charité.

Ce système se maintint jusqu'au 1er janvier
1835.

Après la Révolution de 1830, les administrateurs des hospices civils et du Bureau de bienfaisance de Nancy, voulant assurer la stricte exécution de la loi du 6 Février 1804, qui veut qu'aucune
maison de prêts sur nantissements ne puisse être
établie qu'au profit des pauvres et avec l'autorisation du Gouvernement, firent un rapport par
lequel ils sollicitaient l'établissement d'un véritable
Mont-de-Piété, auquel serait adjoint une Caisse
d'épargne. Dans ce rapport, la Commission proposait de fixer à 12 % le taux de l'intérêt perçu
par le Mont-de-Piété, et à 4 % l'intérêt offert aux
prêteurs par la Caisse d'épargne. Elle assignait
en outre, pour prix de l'immeuble devant abriter
ces deux établissements, la somme de 90,000 fr.,
et proposait l'achat de la propriété Maubon. Elle
attribuait enfin la somme de 14,130 fr. au traitement du personnel.

Ce rapport fut soumis à une Commission
nommée par le Conseil municipal, dans sa séance
du 24 avril 1832, et composée de MM. Robin,
Goudchaux et Chenut, ce dernier rapporteur.

La Commission municipale estima trop élevé
le taux de 12 % proposé par la Commission des
hospices, et l'énormité du rapport avec celui de

4 % offert aux prêteurs de la Caisse d'épargne, différence qui sautera aux yeux des gens dont les économies placées à la Caisse d'épargne rapporteront peu, alors que, dans un moment difficile, ils devront fournir un gros intérêt au Mont-de-Piété.

La Commission estima que les causes qui ont forcé la Commission des hospices à élever ainsi le taux de l'intérêt fourni par le Mont-de-Piété sont les suivantes :

1° : L'intérêt du capital destiné à l'immeuble ;

2° : L'omission de porter en recettes différents produits qui n'en sont pas moins certains que d'autres qu'elle y fait figurer ;

3° : Les frais de traitement du personnel, et convint de modifier ainsi qu'il suit les chiffres de la Commission :

1° : La Commission des hospices a assigné pour prix de l'immeuble 90,000 fr., celle du Conseil municipal le réduit à 60,000 fr., les Monts-de-Piété ne devant pas être des établissements luxueux. On a indiqué à la Commission des hospices le 1er lot de la propriété Maubon, comme pouvant convenir parfaitement, la Commission du Conseil municipal estime qu'elle ne doit pas convenir, puisqu'il faudrait y faire 9,000 fr. de réparations ;

2° : Dans les revenus fixés par la Commission des hospices, il a été oublié de porter en recettes ce qu'on appelle les bons de caisse ou forts deniers ;

3° : La Commission des hospices a assigné au personnel du Mont-de-Piété 14,130 fr., alors que cette somme peut être réduite à 9,100 fr.

Comme conclusion à ces trois modifications, le taux de l'intérêt à percevoir par le Mont-de-Piété serait réduit à 9 °/₀ et on ferait encore un bénéfice annuel de 5,676 fr., au lieu de 4,581 fr. chiffre de la Commission des hospices.

Enfin, contrairement à la conclusion de la Commission des hospices, il y aurait lieu de faire payer par la Caisse d'épargne les intérêts des sommes déposées même au-dessous de 15 fr.

La Commission municipale adjoignit à la suite de son rapport, le tableau comparatif suivant des frais généraux fixés par les deux Commissions :

	CHIFFRES DE LA Commission des Hospices		CHIFFRES DE LA Commission Municipale	
	Principal	Intérêts	Principal	Intérêts
Capital employé au roulement de l'établissement	220.000	»	220.000	»
Capital employé à l'achat et à la distribution de l'immeuble	90.000	»	60.000	»
Intérêt de ces sommes, moitié à 4 °/₀, moitié à 5 °/₀	310.000	13.950	280.000	12.600
Personnel		14.130		9.100
Frais généraux		1.500		1.500
Assurance contre l'incendie		500		280
Au secrétaire des hospices		150		150
Totaux	310.000	30.230	280.000	23.630

Ainsi que celui des revenus estimés par les deux Commissions.

	CHIFFRES DE LA Commission des Hospices		CHIFFRES DE LA Commission Municipale	
	Taux de l'intérêt	Produit	Taux de l'intérêt	Produit
Intérêt de 220.000 fr. . .	12 %	26.400	9 %	19.800
Intérêt des mois.	12 %	3.619	9 %	2.714
Produit du droit d'Enregistrement	»	4.792	»	4.792
Produit sur les forts deniers	»	»	»	800
Produit sur les criées. .	»	»	»	1.200
Totaux. . . .		34.811		29.306

RÉSUMÉ

	CHIFFRES DE LA COMMISSION	
	des Hospices	Municipale
Revenus.	34.811	29.306
Dépenses.	30.230	23.630
Différence.	4.581	5.676

Excédent des revenus d'après les chiffres de la Commission municipale : 1.095.

Les deux rapports de la Commission des hospices et de la Commission municipale furent transmis au ministère du Commerce et un échange de correspondance eut lieu entre M. Moreau, maire de Nancy, M. Chevandié, député de la Meurthe et Me Michel, notaire, membre de

la Commission des hospices. Une lettre adressée
par M⁰ Michel au maire de Nancy, en date du 28
avril 1833, laisserait supposer que le ministère
à l'inverse de ce qu'il a fait pour le Mont-de-Piété
de Metz, le 17 novembre 1819, voulait rendre
absolument distincte la Caisse d'épargne du Mont-
de-Piété. Le maire transmis cette lettre à M. Chevandié, qui expliqua que si deux demandes sépa-
rées avaient été adressées au ministère, c'était
uniquement parce que le Mont-de-Piété était régi
par une division du ministère et la Caisse d'épargne par une autre, mais que les deux établissements seraient réunis dans la même administration.

Enfin à la suite de tous ces travaux et de toutes
ces démarches, le préfet adressait au maire, à la
date du 10 avril 1834, la lettre suivante :

« J'ai l'honneur de vous adresser ampliation
« d'une ordonnance royale du 19 mars dernier,
« qui autorise l'établissement d'un Mont-de-Piété
« à Nancy. Vous recevrez incessamment aussi
« quelques exemplaires du numéro du Bulletin
« des Lois qui contiendra le règlement.

« Dès que ce Mont-de-Piété pourra être mis en
« activité, vous voudrez bien m'en informer afin
« que j'ordonne la cessation immédiate des opé-
« rations illégales de la maison de prêt qui existe
« ici en vertu d'une autorisation irrégulière du
« 10 octobre 1809. (1)

_____

(1) La Maison Vaudré.

« Vous aurez ensuite à arrêter sous mon appro-
« bation toutes les mesures nécessaires pour que
« la liquidation de cet établissement soit entière-
« ment accomplie dans l'espace d'une année, et
« pour que les intérêts des personnes qui y ont
« déposé des nantissements soit parfaitement
« conservés.

« Veuillez donner à M. Vaudré, directeur de
« ladite maison, connaissance tant de l'ordon-
« nance précitée que du contenu de la présente
« lettre. »

Recevez...

Signé : ARNAULD.

L'ordonnance du 19 mars 1834 visée dans cette
lette était ainsi conçue :

LOUIS-PHILIPPE, roi des Français.

A tous, présents et à venir, salut :

Sur le rapport de notre Ministre du Commerce
et des Travaux Publics.

Vu la loi du 16 pluviôse an XII (16 février 1804).

Vu les délibérations de la Commission administrative des hospices et du Bureau de bienfaisance de Nancy.

Celle du Conseil municipal de la même ville.

L'avis du Préfet de la Meurthe et toutes les
pièces produites.

Notre Conseil d'Etat entendu.

Nous avons ordonné et ordonnons ce qui suit :

ARTICLE 1er

Il sera formé à Nancy (Meurthe), un Mont-de-

Piété qui sera régi sous la surveillance du Préfet
et l'autorité de notre Ministre du Commerce et
des Travaux Publics conformément aux dispositions du règlement annexé à la présente ordonnance et délibéré par les Commissions adminis-
tratives des hospices et du Bureau de bienfaisance
de Nancy, le 11 décembre 1833.

ARTICLE 2.

Les registres, les reconnaissances, les procès-
verbaux de ventes et généralement tous les actes
relatifs à cet établissement, seront exempts des
droits de timbre et d'enregistrement.

ARTICLE 3.

Notre Ministre secrétaire d'Etat au département
du Commerce et des Travaux Publics est chargé
de l'exécution de la présente ordonnance.

Donné au Palais des Tuileries, le 19 mars 1834.

Signé : LOUIS-PHILIPPE.

Le 25 avril suivant paraissait l'ordonnance de
création de la Caisse d'épargne ; elle était ainsi
conçue :

« LOUIS-PHILIPPE, etc.

ARTICLE 1er

« La Caisse d'épargne et de prévoyance établie
« près le Mont-de-Piété de Nancy, département
« de la Meurthe, est autorisée.

« Sont approuvés les statuts de la dite Caisse,
« tels qu'ils sont contenus dans l'acte passé
« le 2 avril 1834, devant Me Millot et son collègue,

« notaires à Nancy, lequel acte sera déposé aux
« archives du ministère du Commerce.

ARTICLE 2.

« Nous nous réservons de révoquer notre auto-
« risation en cas de violation ou de non exécution
« des statuts approuvés sans préjudice des droits
« des tiers.

ARTICLE 3.

« La Caisse sera tenue d'adresser tous les six
« mois un extrait de son état de situation au
« ministère du Commerce et au Préfet de la
« Meurthe.

ARTICLE 4.

« Notre Ministre, sous secrétaire d'État au
« département du Commerce est chargé etc... »
Donné au Palais des Tuileries, le 25 avril 1834.

Signé : LOUIS-PHILIPPE.

Dès le 2 avril, la Commission administrative
des hospices civils et du Bureau de bienfaisance
de Nancy, s'inquiéta de trouver un local pour
abriter les deux nouveaux établissements et sollicita du Gouvernement l'autorisation d'acquérir
la maison Maubon, sise place Saint-Jean.

Cet immeuble avait d'ailleurs été acheté par
des notables de la ville le 15 janvier précédent,
et lors de l'adjudication faite à la requête du
curateur de la succession Maubon, par crainte
que cette occasion n'échappa aux hospices et au
Bureau de bienfaisance. Le 29 juin 1834, parut

une ordonnance royale, approuvant l'acquisition faite moyennant 48,080 fr. 50.

Le 10 juillet de la même année, MM. Michel, Collesson, Froment, Mourot et Biette étaient nommés administrateurs ; MM. Lefèvre, directeur, Valentin, Caissier et Rozier, garde magasin du Mont-de-Piété.

Le nouveau Mont-de-Piété devant ouvrir ses portes le 1er janvier 1835, le Préfet de la Meurthe prit, le 26 novembre 1834, un arrêté aux termes duquel l'autorisation provisoire du 10 octobre 1809, accordée au sieur Vaudré, lui était retirée et sa maison de prêt supprimée, et invitant le maire à prendre des mesures nécessaires pour que la liquidation de cette maison soit rapidement terminée.

Le 28 novembre 1834, M. Moreau, maire de de Nancy, prenait l'arrêté suivant :

Art. 1er

« A compter du 1er Janvier 1835, le Mont-de-Piété établi à Nancy en vertu de l'ordonnance royale du 19 mars 1834 et du règlement du 11 Décembre 1833 annexé à ladite ordonnance, sera mis en activité dans les bâtiments qui lui appartiennent, situés place et près la porte Saint-Jean, et la maison de prêt existant en cette ville, ensuite de l'autorisation provisoire du Préfet de la Meurthe du 10 octobre 1809 cessera, aux termes de l'arrêté de M. le Préfet du 26 Novembre 1834, de recevoir aucun dépôt et de faire aucun prêt sur nantissements à partir du même jour, 1er janvier 1835, et ce sous les peines, contre l'entrepreneur, portés aux articles 3 et 4 de la loi de Pluviôse an XII (6 Févr. 1804).

Art. 2

« La clôture de cette maison de prêt sera constatée par l'un des commissaires de police de la Ville de Nancy, qui se transportera à cet effet dans ladite maison, se fera représenter les registres de l'entrepreneur, les clôra et en dressera un état sommaire qu'il transmettra à la Mairie dans les 24 heures.

Art. 3

« Lesdits registres, ainsi clos et arrêtés, resteront à la disposition de l'entrepreneur, à charge par lui de les représenter à toutes les réquisitions.

Art. 4

« Aux termes de l'art. 2 de la loi du 16 Pluviôse an XII, l'entrepreneur sera tenu d'opérer sa liquidation dans le cours de l'année 1835, de telle sorte qu'à la fin de ladite année, il n'aura plus en magasin aucun effet de nantissement à rendre aux emprunteurs.

Art. 5

« Il est, en conséquence, défendu audit entrepreneur de consentir, pendant le cours de sa liquidation, aucun renouvellement d'engagement échu, et il lui est, au contraire, enjoint de faire opérer les dégagements aux échéances fixes et même, à défaut de dégagement, de faire procéder à la vente des nantissements.

Art. 6

« Pourront néanmoins, les emprunteurs, afin d'éviter la vente de leurs nantissements, requérir l'entrepreneur d'en effectuer le dépôt dans les magasins du Mont-de-Piété, où lesdits nantissements seront reçus à titre d'engagement, aux conditions exprimées dans les articles suivants.

Art. 7

« L'entrepreneur ainsi requis ne pourra passer outre à la vente du nantissement et sera tenu de le déposer au plus tard dans la huitaine de la demande faite par l'emprunteur. Les frais de transport, auxquels pourrait donner lieu le déplacement de ces nantissements, ne seront, dans aucun cas, à la charge de l'entrepreneur.

Art. 8

« Chaque article de dépôt sera accompagné d'un extrait de son inscription au registre de la maison de prêt, portant indication du numéro de l'engagement, de la date du prêt, du montant de la somme prêtée, de la nature du nantissement, du nom et de la demeure du propriétaire emprunteur, enfin des oppositions, s'il en existe.

Art. 9

« Les nantissements déposés au Mont-de-Piété en exécution des articles précédents, seront d'abord soumis à l'appréciateur et ensuite reçus à engagement, le tout suivant les formes établies par le règlement précité, sauf ce qui sera dit ci-après.

Art. 10

« Si, d'après l'appréciation, il y a lieu d'accorder sur le nantissement un prêt plus fort que la somme pour laquelle il était engagé dans la maison de prêt, cette somme sera d'abord rendue à l'entrepreneur, et l'excédent sera compté directement au propriétaire emprunteur, s'il l'exige, au moment même de la remise qui lui sera faite de la reconnaissance du Mont-de-Piété.

Art. 11

« Si, au contraire, il résulte de l'appréciation que le prêt à faire par le Mont-de-Piété soit moindre que la somme pour laquelle le nantissement était engagé dans la maison de prêt, le montant seulement du prêt accordé sera remis à l'entrepreneur au moment même du nouvel engagement et de la remise de la reconnaissance du Mont-de-Piété.

Art. 12

« Lorsque le propriétaire emprunteur ne pourra se libérer entièrement envers l'entrepreneur, il sera tenu note de son débet en marge de l'article d'engagement et cette note vaudra au profit de l'entrepreneur, opposition entre les mains du directeur, soit à la délivrance du nantissement en cas de dégagement, soit au paiement du boni en cas de vente. Toutefois, si le débiteur ne se libère pas de son débet envers l'entrepreneur dans le cours du mois qui suivra le dépôt effectué par ce dernier au Mont-de-Piété, en suite des articles 6 et 7 ci-dessus, le directeur, sur la réquisition de l'entrepreneur, devra faire vendre le nantissement chargé du débet dont il s'agit, dans le courant du mois qui suivra cette réquisition, en suivant les formes établies par le titre 10 du règlement, et sans attendre l'expiration de l'année d'engagement accordée aux emprunteurs par l'article 16 du même règlement.

Art. 13

« Extrait certifié de ladite note sera remis par le directeur à l'entrepreneur pour lui valoir titre de ses droits et acte de son opposition.

Art. 14

« Pour obtenir du Mont-de-Piété le dégagement d'effets chargés d'opposition à raison des causes ci-dessus énoncées, l'entrepreneur sera tenu de payer, indépendamment de la somme par lui due au Mont-de-Piété, le montant de son débet envers l'entrepreneur, et si, à défaut de dégagement, les effets ayant été vendus, il y a seulement lieu à remise de boni, ladite remise ne pourra se faire que sous la déduction préalable de ce même débet.

Art. 15

« Il sera tenu, au Mont-de-Piété, une comptabilité particulière des recettes résultant d'oppositions formées par l'entrepreneur. Le montant de ces recettes sera successivement, et au fur et à mesure qu'elles s'effectueront, remises par le

directeur du Mont-de-Piété à l'entrepreneur opposant ; en lui
faisant cette remise, le directeur retirera de ses mains les
certificats par lui délivrés en exécution de l'article 13 du
présent arrêté.

Art. 16

« L'entrepreneur de la maison de prêt supprimée demeurera
responsable envers les tiers de toutes les réclamations rela-
tives aux nantissements qui, en exécution des dispositions
précédentes, seront par lui déposés au Mont-de-Piété.

Art. 17

« Le présent arrêté sera soumis à l'approbation du Préfet
du département de la Meurthe, etc... »

Cet arrêté fut approuvé par le préfet, le 1ᵉʳ
décembre, et porté à la connaissance du public
par voie d'affiche. Il avait été préalablement soumis à M. Vandré, qui avait déclaré ne vouloir s'y
soumettre, par une lettre qu'il adressait au maire
le 29 novembre. Malgré les protestations de l'entrepreneur de la maison de prêt, l'arrêté du maire
fut mis en vigueur.

L'œuvre du Mont-de-Piété était désormais définitivement établie ; une dernière décision du
ministre de l'intérieur, en date du 19 décembre
1834, fixait :

1° A 5 0/0 le taux de l'intérêt des emprunts que
le Mont-de-Piété de Nancy était dans le cas de
faire, dans l'intérêt du service ;

2° A 6.000 fr. le maximum des prêts qui pourraient être faits à la même personne ;

3° A 1 fr. le minimum au-dessous duquel les dépôts ne seraient pas reçus.

Le 1er janvier 1835, le Mont-de-Piété ouvrait ses portes, la période provisoire de la maison de prêt autorisée cessait à cette même date par un procès-verbal de Mathieu, commissaire de police, constatant la clôture du registre des engagements de la maison Vaudré au feuillet 75, après le n° 36.669.

Le Mont-de-Piété et la Caisse d'épargne qui y était adjointe, prirent immédiatement un développement considérable : rien ne fut négligé pour donner toute sécurité aux emprunteurs et aux déposants, à ce point que le directeur demanda au maire de Nancy, le 5 février 1835, de faire placer une sentinelle permanente à la porte des deux établissements.

Malgré l'avènement du Mont-de-Piété, quelques prêteurs sur gages clandestins continuaient leurs opérations. Le maire de Nancy rappela alors par voie d'affiches, à ceux qui tenaient encore des bureaux de prêt sur gages et à ceux qui y déposaient, que toute contravention était punie de la confiscation des effets en nantissement et d'une amende de 500 à 3.000 fr.

Peu à peu les quelques maisons clandestines disparurent, les emprunteurs préférant s'adresser au Mont-de-Piété où le taux de l'intérêt était relativement peu élevé et qui leur offrait une sécurité absolue.

Le Mont-de-Piété ainsi établi a fonctionné

régulièrement jusqu'à aujourd'hui. Il a subit dans son administration les modifications prescrites par la loi du 24 juin 1851.

Pour terminer, mentionnons les opérations inscrites dans les tableaux de 1901.

Le nombre des engagements effectifs pendant l'année 1901 a été de 15.037 articles, pour une somme de 298.250 fr. En 1900 il était de 12.615 articles, pour 254.211 fr., soit une augmentation de 2.422 articles pour 44.039 fr.

Les prêts sur bijouterie comprenaient 8.204 articles pour 227.633 fr.; ceux sur marchandises neuves 953 articles pour 17.766 fr.

Les prêts sur hardes, vêtements, objets divers (5.880) ont atteint 52.851 fr.

Une certaine augmentation des prêts sur marchandises neuves pendant cette année 1901, provenait de ce que les négociants habitant les localités dont les relations sont faciles avec Nancy, ont préféré emprunter au Mont-de-Piété, auquel ils payent 5 0/0 sans autre droit, plutôt que de s'adresser à des banquiers qui leur feront payer 6 0/0 d'intérêts et des frais d'agio de toutes sortes.

Quant à l'accroissement des prêts sur hardes, vêtements, meubles et objets divers, il était dû au relèvement général des estimations faites par l'appréciateur.

Si nous prenons les prêts par classification, nous remarquons :

13.726 fr. pour 4.599 articles sur lesquels il a été
prêté de 1 à 4 fr.

37.649 fr. pour 5.548 articles sur lesquels il a été
prêté de 5 à 10 fr.

43.838 fr. pour 2.540 articles sur lesquels il a été
prêté de 11 à 25 fr.

45.571 fr. pour 1.228 articles sur lesquels il a été
prêté de 26 à 50 fr.

50.037 fr. pour 683 articles sur lesquels il a été
prêté de 51 à 100 fr.

82.375 fr. pour 415 articles sur lesquels il a été
prêté de 101 à 500 fr.

15.654 fr. pour 21 articles sur lesquels il a été
prêté de 501 à 1.000 fr.

7.400 fr. pour 3 articles sur lesquels il a été
prêté au-dessus de 1.000 fr.

Au total 15.037 articles et 298.250 fr.

Les dégagements ont été de 254.550 fr. pour
11.974 articles, les renouvellements de 195.128 fr.
pour 8.761 articles.

Les recettes constituant un bénéfice pour l'établissement, se sont élevées à 20.472 fr. 58, les
dépenses à 32.810 fr. 14, soit un déficit de 12.337
fr. 56 provenant des opérations du Mont-de-Piété.
Si on retranche de cette somme les arrérages de
l'inscription de rente 3 0/0 appartenant au Mont-
de-Piété (11.000 fr.), le déficit de gestion était
ramené à 1.337 fr. 56.

Ce déficit était comblé par l'allocation au Mont-
de-Piété des bénéfices de gestion de la Caisse
d'épargne de Nancy, soit 62.681 fr. 14.

Le bénéfice définitif des deux établissements se montait à 61.343 fr. 58, attribué pour les 3/4 aux hospices et 1/4 au Bureau de bienfaisance.

Le nombre des engagements et des renouvellements était de 23.798 articles, et les dépenses afférentes à ces opérations se montaient à la somme de 29.435 fr. 53, soit 1 fr. 24 par gage.

En admettant la durée moyenne des prêts à 9 mois, et en tenant compte des 4.010 prêts gratuits, un prêt cessait d'être onéreux pour l'établissement lorsqu'il avait atteint le chiffre de 40 fr. (1).

---

(1) Rapport de M. Ehret en fin de gestion annuelle.

TROISIÈME PARTIE

DE LA SÉPARATION DE LA CAISSE D'ÉPARGNE

et du Mont-de-Piété de Nancy

Depuis 1840 environ, la question de la séparation de la Caisse d'épargne et du Mont-de-Piété
au point de vue budgétaire était agitée. Ce ne fut
que le 13 mars 1902, qu'une solution définitive
intervint consacrant cette séparation.

Il est important de connaître qu'elle était la
situation respective des deux établissements l'un
vis-à-vis de l'autre et quels étaient les liens,
actuellement rompus, qui unissaient leurs budgets.

Les lois du 30 juin 1851 et 9 avril 1881 applicables à toutes les Caisses d'épargne (1), étaient
venus apporter des modifications pour la tenue
de la comptabilité, tant aux statuts de 1843 qu'à

_____

(1) Cette loi régissant les Caisses d'épargne postales est applicables à toutes les Caisses.

l'article 54 du règlement ministériel sur les Monts-
de-Piété. Il n'y avait qu'un seul caissier pour la
Caisse d'épargne et le Mont-de-Piété, et l'unité de
caisse était réalisée en fin de journée, conformément à l'article 54 ; mais il n'y avait plus d'unité
de comptabilité. Depuis longtemps, il était tenu
un Grand-Livre et un Journal pour chacun des
deux établissements, afin de mieux faire ressortir
leurs bénéfices respectifs. Un compte courant
était ouvert au Mont-de-Piété dans les écritures
de la Caisse d'épargne et réciproquement, et le
Compte-Caisse de ce dernier établissement était
soldé tous les soirs par le Compte Mont-de-Piété ;
en sorte que l'encaisse se trouvait entièrement
transporté en fin de journée dans les écritures du
Mont-de-Piété, qui était toujours regardé comme
étant l'établissement principal. L'emploi des
fonds et des bénéfices de la Caisse d'épargne était
régi malgré la loi de 1851 par les articles 21 et 23
des statuts de 1843, ainsi conçus :

« Art. 21. — Les sommes versées à la Caisse
« d'épargne pourront être employées par le Mont-
« de-Piété de Nancy, jusqu'à concurrence de ses
« besoins pour le service des prêts sur nantisse-
« ments. Le surplus sera exactement versé en
« compte courant à la Caisse des Dépôts et Consi-
« gnations.

« Art. 23. — Le produit des retenues établies à
« l'article 18 servira au paiement des frais d'ad-
« ministration : s'il présente un excédent, il
« appartiendra au Mont-de-Piété. Dans le cas

« contraire, ce dernier établissement comblera le
« déficit ».

En vertu des dispositions précédentes, le Mont-
de-Piété se constitua avec les bénéfices de la Caisse
d'épargne un capital de dotation de 730,000 fr.,
auxquels il faut ajouter les 145,620 fr. représen-
tant les cautionnements du personnel.

Une seule fois, le Mont-de-Piété eut à combler
le déficit de la Caisse d'épargne, ce fut l'année de
la fondation, en 1834, et encore ce déficit ne se
monta-t-il qu'à 450 fr. 34. Depuis cette année, les
bénéfices allèrent en croissant et formèrent, jusqu'en 1894, un total de 1,240,559 fr. 89. Depuis
1884 jusqu'à 1894, les fonds versés aux hospices
et au Bureau de bienfaisance par le Mont-de-
Piété, s'élevèrent à 721,026 fr. 79. Tous les bénéfices de la Caisse d'épargne ont servi soit à constituer une dotation au Mont-de-Piété, soit à fournir
des ressources aux Etablissements de bienfaisance (1). Elle n'a conservé aucune réserve de
façon à lui constituer un fonds de garantie. Cette
capitalisation semble d'ailleurs avoir été inutile,
puisque l'article 23 des statuts de 1843 oblige le
Mont-de-Piété à combler les déficits de la Caisse
d'épargne quelqu'en soit la cause.

Le 22 juin 1891, M. le Ministre du commerce
adressait à son collègue de l'intérieur une lettre
par laquelle il considérait comme utile et urgent

(1) Rapport de M. Moreau, Inspecteur des Finances, du 11 novembre 1895.

la séparation des deux établissements. Il exposait que les bénéfices faits par la Caisse d'épargne devaient lui assurer, soit des ressources suffisantes pour couvrir ses frais, soit assurer aux déposants des garanties suffisantes pour sauvegarder leurs dépôts. Le point principal envisagé par le Ministre à l'appui de son opinion, était que l'existence d'un fonds de garantie serait nécessaire pour couvrir les déficits parfois considérables provenant de détournements des comptables. Il citait à l'appui de ces dires, les déficits de 800,000 fr. à Tarare; 860,000 fr. à Annecy; 1,200,000 fr. à Riom.

Il convenait, d'ailleurs, que la discussion sur l'application de l'article 10 du décret de 1852, qui dispose que les fonds reçus par les Caisses d'épargne doivent être immédiatement versés à la Caisse des Dépôts et Consignations, ne présenterait qu'un intérêt purement doctrinal, puisqu'en fait les bénéfices de la Caisse d'épargne de Nancy ne servaient plus à alimenter le Mont-de-Piété, qui s'était constitué une dotation reconnue suffisante, mais étaient versés à la Caisse des Dépôts et Consignations.

Il concluait enfin que la Caisse d'épargne ne pouvait ainsi légalement disposer de ses bénéfices autrement qu'au profit de ses déposants, en se constituant un fonds de garantie. Cette dépêche ministérielle fut transmise au Conseil d'administration de la Caisse.

M. Ehret, Directeur de la Caisse d'épargne et

du Mont-de-Piété présenta, le 20 octobre 1891, au Conseil d'administration, un rapport très détaillé réfutant point par point les arguments du Ministre du Commerce.

Il exposait que les statuts du 24 juin 1843 obligeaient la Caisse d'épargne à verser ses bénéfices au Mont-de-Piété, ce qui avait permis d'abaisser dans ce dernier établissement le taux exigé des emprunteurs de 15 % lors de la création, à 9 % au 1er janvier 1852 et 6 % en 1853, mais qu'avec l'application de ce dernier taux, il se produirait annuellement un déficit de 6,000 fr., qui serait couvert par les bénéfices de la Caisse d'épargne, qu'il fallait donc l'assurance que la Caisse d'épargne resterait indéfiniment annexée au Mont-de-Piété. Le Ministre du Commerce approuvait cette décision ainsi que cela résulte d'une lettre du Préfet, en date du 23 décembre 1853.

Les résultats atteints furent inespérés, puisqu'en 1884 le capital de dotation du Mont-de-Piété ayant atteint 730,000 fr., il fut jugé suffisant et le taux de l'intérêt abaissé de 6 à 5 %. Depuis 1885 jusqu'à l'année du rapport de M. Ehret, 400,000 francs furent versés aux Etablissements charitables.

« Si l'on admettait, dit M. Ehret, que l'emploi
« des bénéfices de la Caisse d'épargne fut irrégu-
« lier, que deviendrait le règlement du 30 juin
« 1865? En cas d'annexion de la Caisse d'épargne
« au Mont-de-Piété, l'article 54 de ce règlement
« prescrit la tenue, s'il y a lieu, d'un comple-

« courant arrêté le 31 décembre de chaque année,
« constatant les mouvements de fonds entre les
« deux établissements. Or, il est inadmissible de
« penser que le règlement du 30 juin 1865, rédigé
« de concert avec les finances, ait pu autoriser
« une illégalité ».

Le raisonnement de M. Ehret est des plus judi-
cieux, puisqu'en effet, la lettre du Ministre du
commerce du 22 juin 1891, basant sa demande
de séparation sur la loi du 30 juin 1851, et pen-
sant que cette loi fait obstacle à ce que le Mont-
de-Piété revendique les bénéfices de la Caisse
d'épargne, se trouve en contradiction absolue avec
l'article 54 du règlement de 1865, qui règle la
tenue des écritures *en cas d'annexion*.

Le rapport de M. Ehret rappelle en outre, avec
raison, que l'article 23 des statuts de 1843 dispose,
qu'en cas de déficit dans les opérations de la
Caisse d'épargne, ce déficit sera comblé par le
Mont-de-Piété. Or, l'obligation qui incombe à cet
établissement, ne constitue-t-elle pas une sûreté
suffisante pour les déposants ?

Cela est bien évident, les fonds de dotation et
de réserve du Mont-de-Piété sont suffisants pour
assurer aux déposants un remboursement inté-
gral soit au cas de déficit ordinaire soit au cas de
malversations. Même si les fonds du Mont-de-
Piété étaient insuffisants, les hospices et le bureau
de bienfaisance seraient tenus de couvrir les
différences.

Enfin M. le Directeur des deux établissements

estime, que jamais, au cas de séparation absolue, la Caisse d'épargne ne pourra se créer un fonds de garantie de l'importance de celui du Mont-de-Piété ; tout le temps que durera la capitalisation, les intérêts des déposants ne seront nullement sauvegardés. Cette disjonction, tout en étant nuisible, conclut-il, à la Caisse d'épargne, obligera le Mont-de-Piété à élever le taux de l'intérêt à 7 0 0 pour couvrir ses frais généraux. Cette disjonction serait donc mal accueillie par toutes les classes du public.

Après les explications de M. Ehret, les choses en restèrent là jusqu'au 11 novembre 1895, date à laquelle M. Moreau, Inspecteur des finances, dressa à son tour un rapport sur la question.

Ce nouvel exposé, favorable à la séparation, n'était plus basé sur le conflit de la loi de 1851 avec la situation actuelle, mais sur l'impossibilité de concilier la nouvelle loi du 20 juillet 1895 avec l'état de choses existant ; la loi de 1895 disait en effet dans son article 9. « Chaque Caisse d'épargne « ordinaire doit créer un fonds de réserve et de « garantie qui se compose 1° De sa dotation exis- « tante et des dons et legs qui pourront lui être « attribués. 2° De l'économie réalisée sur la « retenue prescrite à l'article précédent (0,25 0/0) « 3° Des intérêts et des primes d'amortissement « provenant de ce fonds lui-même. Toutes les « pertes résultant de la gestion de la Caisse « d'épargne devront être imputées sur ce fonds

« de réserve qui constitue sa fortune person-
« nelle ».

M. Moreau, dans son rapport, estimait que si
une discussion eût été possible en ce qui concerne
l'application des lois de juin 1851 et avril 1881 à
la Caisse d'épargne, l'article 9 de la nouvelle loi
étant conçu en termes impératifs, la Caisse d'épargne de Nancy n'avait qu'à s'y soumettre. Il réfu-
tait ensuite l'argumentation de M. Ehret, tirée
des articles 21 et 22 des statuts de 1843 et décla-
rait que depuis longtemps déjà le Mont-de-Piété
n'employait plus les fonds versés par les déposants à la Caisse d'épargne pour le service des
prêts sur nantissement, et que tous ces fonds
étaient versés à la Caisse des dépôts et consi-
nations.

Il ajoutait que, comme aux termes des articles
22 des statuts de 1843, le Mont-de-Piété et les
établissements charitables ne sont nullement
responsables de ces fonds, on ne peut affirmer
qu'ils les garantissent. Enfin, il pensait que
l'objection qui consiste à dire que le Mont-de-
Piété, privé des bénéfices de la Caisse d'épargne,
serait obligé, pour couvrir ses frais, d'élever de
5 0/0 à 7 0/0 l'intérêt exigé des emprunteurs, ne
devait pas être prise en considération, puisqu'aussitôt la séparation prononcée, la Caisse d'épargne
devrait payer un loyer au Mont-de-Piété, propriétaire de l'immeuble qui abrite les deux établissements, que d'ailleurs les opérations du Mont-
de-Piété s'équilibraient.

Cette dernière appréciation est croyons-nous inexacte puisque le Mont-de-Piété se trouve annuellement en déficit de 15,000 fr. couverts par les fonds de la Caisse d'épargne.

Après toutes ces considérations, M. Moreau, tout en reconnaissant l'excellence du fonctionnement actuel, concluait pourtant dans un but d'unification de fonctionnement des Caisses d'épargne, à la séparation immédiate des deux établissements.

La question en resta-là pendant cinq années encore.

Le 15 mars 1900, le Président du Conseil adressait au Préfet de Meurthe-et-Moselle une lettre aux termes de laquelle il réclamait une délibération du Conseil municipal de Nancy et de la Commission d'administration du Mont-de-Piété, donnant leurs avis sur la question. Le ministre ajoutait que la loi nouvelle du 20 juillet 1895, les avis du Conseil d'État des 27 janvier et 19 juillet 1898 et la circulaire du Ministre des Finances du 30 octobre 1899, imposaient la séparation de la Caisse d'épargne et du Mont-de-Piété.

Le Conseil municipal de Nancy se réunit à la suite de cette demande, pour formuler son avis, le 10 juillet 1900, et adopta les conclusions nettement hostiles à la séparation, prises par le rapporteur.

M. Beauchet, à la fois conseiller municipal et administrateur de la Caisse d'épargne et du Mont-de-Piété, qui, à ce double titre, était à même de

9

connaître mieux que personne les intérêts des
hospices et du Bureau de bienfaisance, et des
deux établissements dont il était administrateur,
réfuta et réduisit à néant les arguments dont se
servait l'administration pour expliquer la nécessité de la séparation.

Le rapporteur s'élevait contre toute modification au régime existant pour quatre raisons :

1° Parce que l'application des articles 9 et 10 de
la loi de 1895 à la Caisse d'épargne serait illégale
et violerait un droit acquis :

2° Parce que cette application ne se justifierait
par aucun motif sérieux en ce qui concerne cette
Caisse :

3° Parce que la modification projetée par l'administration serait fâcheuse pour le Mont-de-Piété :

4° Parce qu'elle entraînerait des résultats très
regrettables pour la Ville de Nancy.

Sur le premier point, M. Beauchet rappelait
l'origine des deux établissements, leur indivisibi-
lité absolue, et les représentait comme les
« filiales des établissements de bienfaisance, leurs
créateurs ».

Le lien de droit qui les unissait était aussi fort
que celui qui unit les cocontractants dans un
contrat synallagmatique entre particuliers et ne
pouvait être rompu que par la volonté du législateur, qui aurait expressément stipulé la rétroac-
tivité de la loi de 1895, ce qu'il n'a pas fait, connais-
sant pourtant la situation respective des deux
établissements. Il en résultait que, malgré les

dispositions de l'article 10 de la loi, interdisant de disposer de la fortune des Caisses d'épargne, sous forme de libéralités, les versements effectués au Mont-de-Piété ne constituaient pas ces libéralités, mais simplement la stricte application de l'article 23 des statuts de la Caisse. En outre, les avis du Conseil d'Etat des 27 janvier et 19 juillet 1890, qui décidaient que les statuts des Caisses d'épargne devaient être modifiés *de plano* sur les points contraires à la loi de 1895, ne pouvaient trouver leur application à la Caisse de Nancy, ces avis visant en effet les établissements ayant une fortune personnelle, ce qui n'est pas le cas dans l'espèce actuelle.

Sur le deuxième point, M. Beauchet estime que l'application de la loi de 1895 à la Caisse d'épargne de Nancy, ne se justifie pas. En effet, il n'y a d'abord aucun détournement à craindre de la part du personnel de la Caisse, avec le système du triple contrôle fait après chaque séance; ensuite, au cas où, par impossible, une malversation se produirait, le déficit serait immédiatement couvert par le fonds de réserve du Mont-de-Piété, les hospices et le Bureau de bienfaisance. Enfin, comme la dotation du Mont-de-Piété est d'environ 730,000 fr.; cette somme représente plus de 2 0/0 des fonds déposés (36 millions), c'est-à-dire le taux considéré comme suffisant par la loi de 1895 dans son article 10. Au contraire, la disjonction présenterait un danger considérable pour les déposants, qui se trouveraient sans sauvegarde tout le temps que durerait la constitution du fonds de garantie.

Le rapporteur disait en troisième lieu qu'au cas où la séparation serait prononcée, le Mont-de-Piété se verrait obligé d'élever de 5 à 7 0/0 le taux, exigé des emprunteurs et supprimer la gratuité des prêts au-dessous de 5 0/0 établie depuis quelques années.

Enfin, M. Beauchet terminait son rapport en indiquant que la séparation des deux établissements enlèverait aux hospices et au Bureau de bienfaisance les sommes considérables provenant des bénéfices de la Caisse d'épargne, et par contre les obligerait à couvrir les déficits annuels du Mont-de-Piété, alors que l'assistance publique se voyait dans l'obligation, même avec le système existant, de demander des suppléments de crédits à la Ville.

Le Conseil d'administration de la Caisse d'épargne se réunit le 29 juillet 1901 et adressa à son tour au Ministère de l'Intérieur un rapport dans lequel M. Beauchet envisageait sous un jour plus sombre encore que dans ses observations au Conseil municipal, la situation que créerait la séparation.

Il considérait non seulement comme possible, mais comme obligatoire en cas de séparation, la suppression du Mont-de-Piété par les hospices de la Ville de Nancy qui ne se soucieraient pas d'entretenir moyennant environ 15,000 francs par an, un établissement qui, par sa liquidation, leur rapporterait un capital de 730,000 francs.

Admettant cette éventualité, M. Beauchet en envisageait les conséquences, d'autant plus déplorables qu'aujourd'hui, le taux de l'intérêt étant libre en matière commerciale, l'usure légale pourrait se pratiquer plus ouvertement.

Quant à la création d'un nouveau Mont-de-Piété indépendant des hospices, il n'y fallait pas songer. Pour qu'une telle création puisse avoir lieu, il faudrait que le nouvel établissement élevât le taux de l'intérêt perçu sur les déposants à 9 0/0 au minimum, de façon à se créer une dotation, en admettant toutefois que l'élévation de ce taux n'empêche pas les emprunteurs nécessiteux de s'adresser au Mont-de-Piété.

La dernière concession que le Rapporteur et la Commission consentaient à faire à l'administration, était de réserver chaque année sur les bénéfices de la Caisse d'épargne une somme de 20,000 francs, jusqu'à ce que la dotation du Mont-de-Piété atteigne 1,200,000 francs, le surplus étant réparti entre les hospices et le Bureau de bienfaisance. Cette somme de 1,200,000 francs serait largement suffisante pour garantir les dépôts de la Caisse d'épargne.

On voit que les décisions prises par le Conseil municipal et la Commission de la Caisse d'épargne étaient nettement défavorables à un changement quelconque à la situation respective des deux établissements. L'acharnement que mettait l'administration à persister dans une ligne de conduite qui devait finalement l'emporter, ne peut s'expliquer que par un besoin d'uniformité. Les considérations juridiques et humanitaires émises par M. Beauchet dans ses deux rapports, avaient surabondamment démontré l'inapplicabilité de la loi de 1895 à la Caisse d'épargne de Nancy, et au cas même où une discussion sur ce point eut pu être encore possible, elle aurait dû cesser devant les résultats splendides obtenus par le système des statuts de 1834 qui, tout en donnant le maximum de garanties aux déposants de la Caisse d'épargne, permettait au Mont-de-Piété de verser dans les caisses des institutions de bienfaisance, des sommes considérables destinées à soulager la misère. L'Administration ne l'a pas compris ainsi ; le Mont-de-Piété et la Caisse d'épargne peuvent disparaître si l'uniformité et la centralisation sont obtenues.

La bataille était définitivement engagée. Au reçu des délibérations du Conseil municipal et de la Commission d'administration de la Caisse d'épargne et du Mont-de-Piété, la direction générale de de la comptabilité publique, par une circulaire du 30 octobre 1899, exigea la mise en vigueur immédiate de l'article 9 de la loi de 1895. Pourtant le Ministre de l'intérieur insista pour que l'application de la loi soit différée d'une année afin qu'après la note et l'approbation de son budget de 1902, la ville de Nancy ne rencontre pas de sérieuses difficultés pour suppléer aux ressources qu'elle tire de la Caisse d'épargne. Le Ministre des finances céda, mais sous réserve que le délai d'une année sollicité par son collègue serait réduit à six mois, temps pendant lequel la municipalité de Nancy et le Conseil d'administration du Mont-de-Piété et de la Caisse d'épargne devraient étudier les moyens d'arriver progressivement et sans secousses à l'application de la loi de 1895. Il priait en outre, dans une circulaire en date du 23 décembre 1901, son collègue de l'Intérieur d'avertir les administrations intéressées que si elles ne soumettaient pas des propositions acceptables avant le 30 juin 1902, ordre serait donné aux receveurs des Hospices et du Bureau de bienfaisance de ne plus encaisser à l'avenir les subventions allouées par le Mont-de-Piété et prises sur les bénéfices de la Caisse d'épargne.

Il rejetait ensuite sans réserves les propositions faites par le Conseil d'administration des deux établissements dans sa séance du 21 juillet 1901, consistant à augmenter chaque année de 20,000 fr. la dotation du Mont-de-Piété, et décidait de n'accepter aucune combinaison qui n'aboutirait pas à la stricte application de la loi de 1895.

Dans ces conditions, la lutte était inégale, le Conseil d'administration de la Caisse d'épargne et du Mont-de-Piété n'avait plus qu'à se soumettre. C'est ce qu'il fit dans sa séance du 10 mars 1902. Il décida que pour permettre aux Hospices et au Bureau de bienfaisance d'arriver sans secousses à suppléer aux bonis de la Caisse d'épargne par

d'autres ressources, on pourrait prélever la première année 10 0/0 sur les bénéfices pour com-
mencer à créer le fonds de réserve propre à la
Caisse d'épargne, prélèvement qui serait augmenté de 10 0/0 chaque année. soit 20 0/0 pour la
deuxième année, 30 0/0 pour la troisième etc, de
façon qu'à partir de la dixième année tous les bénéfices de la Caisse d'épargne soient versés dans
son fonds de réserve propre.

Cette délibération, acceptée par la Commission
administrative des Hospices et du Bureau de Bienfaisance de Nancy, reçut l'approbation des trois
départements ministériels intéressés du Commerce, de l'Intérieur et des Finances.

Par une circulaire du 27 juin 1903, le directeur
général de la comptabilité publique levait l'inter-
diction d'encaissement, par les Hospices, des bénéfices de la Caisse d'épargne, et avertissait les tré-
soriers payeurs généraux que cet encaissement ne
pourrait plus se faire que dans les limites indiquées par la délibération du Conseil d'administration de la Caisse d'épargne et du Mont-de-Piété.

La séparation des deux établissements est donc
un fait accompli et les caisses des Hospices et du
Bureau de Bienfaisance ne recevront plus la totalité des bénéfices de la Caisse d'épargne. Cette
source de fonds diminuera progressivement pour
se tarir définitivement dans dix ans.

L'avenir démontrera certainement les conséquences néfastes de ce nouvel état de choses. Le
Bureau de Bienfaisance se trouvera dans l'obliga-

tion de demander à la ville les ressources nécessaires pour remplacer celles fournies par la Caisse
d'épargne et le Mont-de-Piété : Il est peu probable
que son budget pourra supporter une telle charge ;
les frais de guerre de cette longue lutte d'un gouvernement démocratique pour l'idée de centralisation seront donc définitivement supportés par
la classe la plus pauvre et la plus digne de pitié :
La clientèle des Hospices et du Bureau de Bienfaisance.

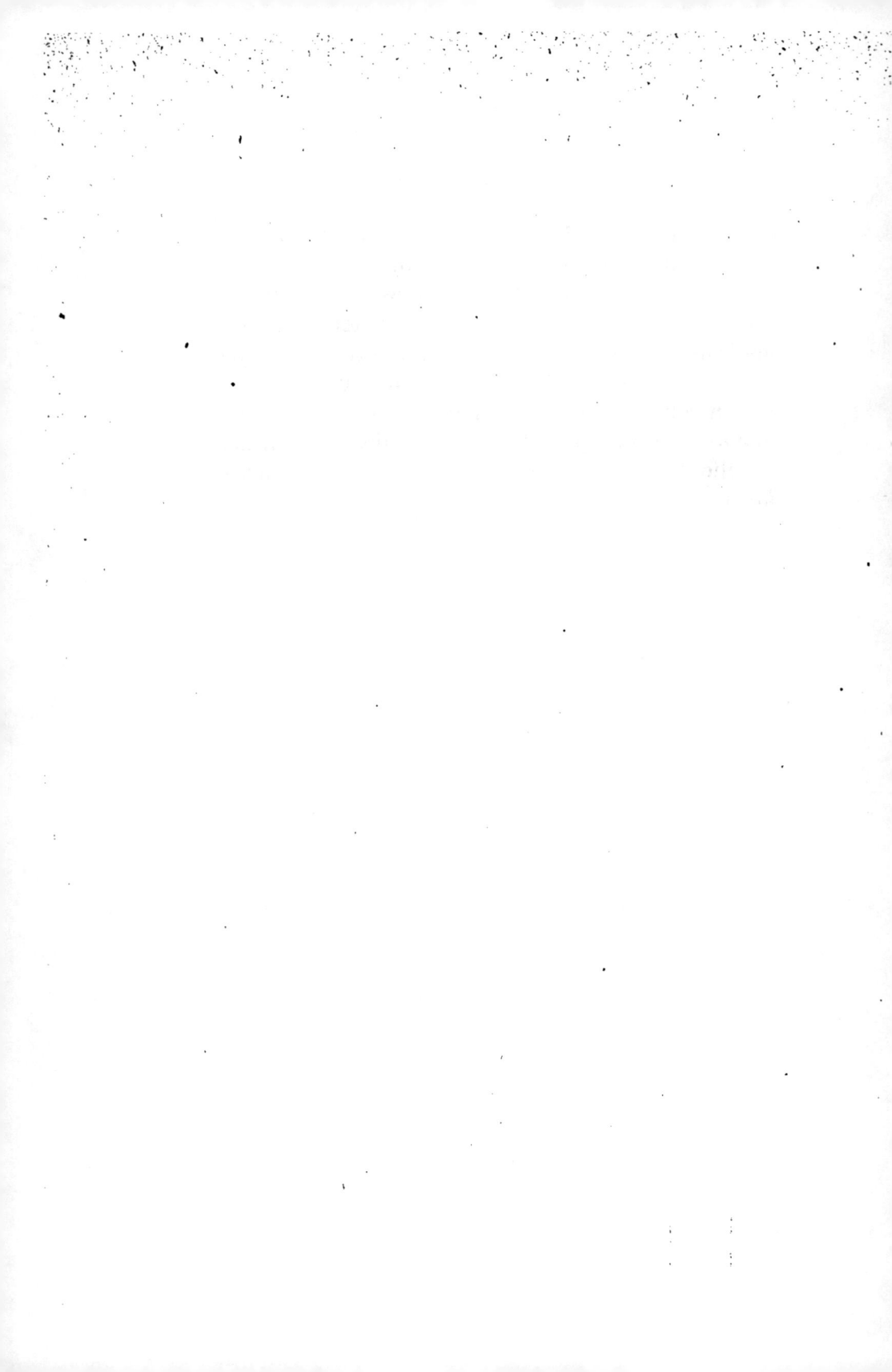

BIBLIOGRAPHIE ET SOURCES

BLAIZE. — *Des Monts-de-Piété.*

DUVAL. — *Mont-de-Piété de Paris.*

CLAVEAU. — *Situation des Monts-de-Piété.*

BLAIGNAN. — *Le Crédit populaire et les Monts-de-Piété.*

GUÉRARD. — *Notice sur le Mont-de-Piété de Nancy.*

Archives de la Ville de Nancy.

Archives Départementales.

Archives de la Préfecture de Meurthe-et-Moselle.

Archives des Hospices, du Bureau de Bienfaisance, de la Caisse d'Epargne et du Mont-de-Piété.

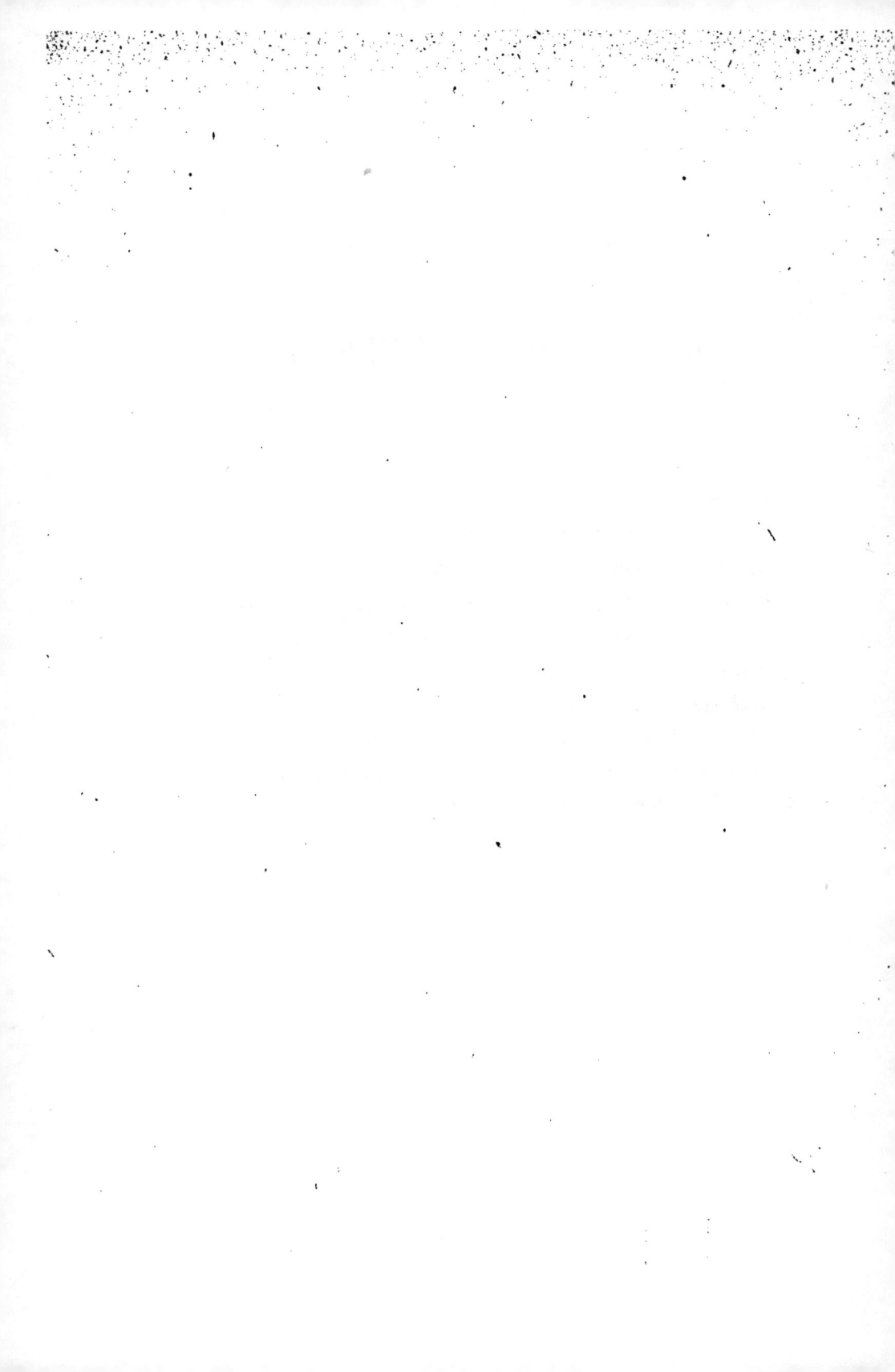

TABLE DES MATIÈRES

IMP. L. PARIS, 22, RUE ST-TIBURCE, NANCY

www.ingramcontent.com/pod-product-compliance
Lightning Source LLC
Chambersburg PA
CBHW071759090426
42737CB00012B/1881